CONÓCETE
a ti mismo y conocerás el
UNIVERSO

CONÓCETE
a ti mismo y conocerás el
UNIVERSO

Justin M. Dreams

Copyright © 2023 Justin M. Dreams, Todos los derechos reservados.

Ninguna parte de esta publicación podrá ser reproducida, almacenada en un sistema de recuperación o transmitido de ninguna manera ni por cualquier medio, ya sea electrónico, mecánico, mediante fotocopias o grabaciones, sin permiso previo de Hola Publishing Internacional.

Los puntos de vista y opiniones expresados en este libro pertenecen al autor y no reflejan necesariamente las políticas o la posición de Hola Publishing Internacional. Cualquier contenido proporcionado por nuestros autores es de su opinión y no tiene la intención de difamar a ninguna religión, grupo étnico, club, organización, empresa, individuo o persona.

Para solicitudes de permisos se debe escribir a la editorial, dirigido a "Atención: coordinador de permisos", a la siguiente dirección.

Hola Publishing Internacional
Eugenio Sue 79, int. 4, 11550
Ciudad de México

Primera edición, Junio 2023
ISBN: 978-1-63765-431-6

La información contenida en este libro es estrictamente para propósitos informativos. A menos que se indique otra situación, todos los nombres, personajes, negocios, lugares, eventos e incidentes en este libro son producto de la imaginación del autor o usados de manera ficticia. Cualquier parecido con personas reales, vivas o muertas, o eventos actuales, es pura coincidencia.

Hola Publishing Internacional es una empresa de autopublicación que publica ficción y no ficción para adultos, literatura infantil, autoayuda, espiritual y libros religiosos. Continuamente nos esmeramos para ayudar a que los autores alcancen sus metas de publicación y proveer muchos servicios distintos que los ayuden a lograrlo. No publicamos libros que sean considerados política, religiosa o socialmente irrespetuosos, o libros que sean sexualmente provocativos, incluyendo erótica. Hola se reserva el derecho de rechazar la publicación de cualquier manuscrito si se considera que no se alinea con nuestros principios. ¿Tiene una idea para un libro que quisiera que consideremos para publicación? Por favor visite www.holapublishing.com para más información.

Primeramente, debo dar el crédito a quien, por su gracia, puso en mí las palabras acertadas; a quien, por su infinito poder, puso en el camino una experimentada vida: gracias, Señor, Dios Todopoderoso. También a quienes han depositado la confianza en mí para poder hacer un trabajo interior en cada uno.

A quienes siempre han estado presentes en mi vida, familiares, amistades y conocidos. A mis mentores, maestros y guías.

ÍNDICE

Presentación

    Todos los triunfos nacen cuando nos atrevemos a comenzar — 19

    Decisión — 19

    Aspiraciones humanas — 20

Autoimagen. Lección 1

    Todos los triunfos nacen cuando nos atrevemos a comenzar — 23

    Grabaciones — 23

    Intelecto — 28

    Creencias — 29

    La peor desgracia que le puede ocurrir a un hombre es pensar mal de sí mismo — 33

    Técnica de relajación programada — 33

    Instrucciones para salir al nivel exterior consciente — 34

    Primer ejercicio psicológico — 35

    Regresión mental — 35

    Reglas de sabiduría — 37

Primera Regla de Sabiduría
Conócete a ti mismo — 38

    Origen del hombre — 38

    Ciclos de vida de acuerdo con la Biblia — 40

La concepción	42
La vida	42
Dios y el Hombre	43

Segunda regla de Sabiduría
Cuida tus pensamientos 45

Autoconocimiento. Lección 2

Conócete a ti mismo y conocerás el universo	46
Conócete a ti mismo	46

Poder mental. Lección 3

El hombre sabio es el amo de su mente; el ignorante, es su esclavo	49
Autoconocimiento	49
La Mente	51
Cuida tus Pensamientos	54
Niveles Mentales	55
La Mente Consciente	55
La Mente Subconsciente	56
El Inconsciente	56
La Mente Súper Consciente	56
Vibraciones	57

Tercer Regla de Sabiduría
Busca en ti mismo la Esencia Real
de todo lo quieres y deseas 58

Creación Mental	59

Ejercicio Mural de los Deseos	60
La Fe	60

Renovacion. Lección 4

Cuerpo sano, mente sana	62
Ley de Renovación	62
El Cuerpo	62
Los Instintos	64
El Instinto Sexual	65
Instinto del Miedo	65
El Sistema inmunológico	66
Sistema Endocrino	67
La Risa	68

Cuarta Regla de Sabiduría
Cuida tus instintos — 69

Crecimiento. Lección 5

La Naturaleza obedece al hombre que cumple las Leyes	70
Leyes	70

Quinta Regla de Sabiduría
Cuida tus palabras — 71

Libre Albedrío	72
Egoísmo	76
La Ley de Acción y Reacción	76
Ley de Gravedad	77

Ley de la Atracción 78
Cuida tus Palabras 79
La Ley de Causa y Efecto 80
La Suerte y el Destino 81
Ley de la Creación 82

La moral. Lección 6
No hagas ningún mal a nadie, ni a ti mismo 85
Escala de Valores 85
Comportamiento 86

Sexta Regla de Sabiduría
Ama a tu prójimo como a ti mismo 88

Polaridad 89
Ritmo 90
Ciclo Emocional 91
Ciclo Físico 92
Ciclo Intelectual 92
Ciclos de Desarrollo Humano 92
Pasado y Futuro 94
Aquí y Ahora 95

Excelencia calidad total. Lección 7
El objetivo de nuestra vida no es superar a los demás, sino superarnos a nosotros mismos 98
Productividad 98
Entusiasmo 99

Séptima Regla de Sabiduría
Usa tus talentos, cállate y obra   **99**

    Competencia   100
    Excelencia   103
    El Éxito   105

Alta consciencia. Lección 8
    "Solo el amor nos hace libres"   109
Octava Regla de Sabiduría
Sé optimista   **109**

    La ofensa   110
    El Perdón   111
    Dependencias   112
    Niveles de Consciencia   113

AMOR. Lección 9
    "Amaos los unos a los otros" (Juan 13:34-35)   118
Novena Regla de Sabiduría
Ama a tu prójimo como a ti mismo   **118**

    El Amor   119
    Esquema del "YO" interior   120
    Ejercicio   121
    Ley de Dar   123
    Principio de Vida   124

Plenitud. Lección 10

"Todo te Pertenece. El universo es tuyo Pide lo que quieras que todo te será dado" 125

Decima Regla de Sabiduría
Pon tu confianza en lo invisible **125**

Esfuérzate en Dar 126
Energía Curativa 127
Energía Pránica 128
Cambio Mental 128
7 Pasos a la excelencia 129
7 Pasos a la decadencia 130
Ley de la Abundancia 130
Apéndice 133
Oración de los Esenios 134
Aquí y Ahora 135
La Vida es Hermosa 137
Temores y culpas 140
Tercer ejercicio psicológico 142
Desarrollo de los aspectos de mi vida 143

Sugerencias para afirmaciones
y programaciones diarias

"Doy gracias a mi Padre" 145
Para logar armonizar mi vida 145
Para lograr La Salud Perfecta 146
Para lograr prosperidad y abundancia 146
Para lograr tener confianza y seguridad 146

Oración de integración	147
Reprogramación mental	148
Reglas de armonía	151
Estableciendo metas	152
Propósito	153
Para iniciar la renovación de mi vida	153
Reglas para alcanzar la excelencia	154
Reglas para cambiar antiguos patrones de conducta	156
Reglas para aprender a valorarte	157
Leyes que rigen el poder mental	158
Reglas para alcanzar la plenitud de la vida	160
¡¡¡Sabías qué!!!	162
Agradecimientos	**163**
Bibliografía	**165**

PRESENTACIÓN

Este programa tiene un valor muy especial para mí y es un privilegio que me permitas compartirlo contigo.

Es especial porque has de saber que soy un soñador. Toda la vida lo he sido y, muchas veces, al querer compartir mis sueños con otros, mi entusiasmo se convertía en desilusión al recibir comentarios negativos como: eso no se puede; es imposible; sí, cómo no; sigue soñando; si fuera fácil alguien más lo hubiera hecho; entre otros más...

Soñaba con escribir algún libro que, de alguna forma, pudiera dar cabida a todo lo que siempre anhela uno, lo que sueña o quiere. Soñaba con recibir miles de emails de muchas partes del mundo, con compartir mi experiencia de vida que, para las muchas personas que han vivido algo similar mí; soñé con tener una empresa exitosa antes de los 40 y con poder ayudar de alguna forma a mis semejantes.

En el momento que escribo estas líneas, puedo compartir contigo que he logrado todos mis sueños y, aun así, sigo soñando.

No es, de ninguna manera, mi intención presumirte o hacerme el interesante. Mi intención es que te permitas conocerte a ti mismo y, de esta forma, conocer el universo.

El mensaje principal de este programa es:

- El autoconocimiento.
- Poder mental.

Es mi deseo sincero que este programa siembre en ti la semilla del optimismo, del entusiasmo, de ser positivo en todas y cada una de las etapas de la vida misma.

Durante el programa, irás conociendo la parte fundamental de ti mismo que es, en sí, la imagen que describe tu personalidad, aprender a tomar decisiones que conlleven a superar las experiencias de tu vida que, de alguna forma, han sido parte del pasado traidas al presente.

Esto con la ayuda del conocimiento y aplicación de las reglas de sabiduría, que no son más que en algunos casos llamadas citas bíblicas, leyes de comportamiento de una sociedad que nos permiten regirnos en un mundo de conviviencia.

En el proceso del conocimiento adquirido a través de este programa, podrás encontrar ejercicios prácticos y test de tu propio conocimiento interno y de lo que, de alguna forma, ha limitado tu crecimiento o desarrollo potencial del que pudieras estar excluido para obtener el éxito que tanto buscas, dando inicio a la abundancia, properidad o resultados positivos en tu desarrollo personal.

Este programa está estructurado en:

Lecciones.

Reglas de sabiduría.

Ejercicios.

Tests.

TODOS LOS TRIUNFOS NACEN CUANDO NOS ATREVEMOS A COMENZAR

DECISIÓN

Para iniciar el proceso de la excelencia, es preciso tomar la decisión firme de superar nuestras limitaciones. La decisión es el componente fundamental para el éxito en cualquier actividad que emprendamos.

El acto de decidirse es el más noble y profundo de todos los actos del ser humano. El tomar decisiones expresa la propia capacidad de saber elegir lo que se desea, define la dignidad y el carácter de quien la toma.

La negligencia, la duda y el temor, son factores que nos impiden tomar decisiones. Al no hacerlo, nos negamos el privilegio de cambiar el curso de la vida de acuerdo con nuestros propios deseos. Eludir la responsabilidad y dejar que otros decidan por nosotros nos conduce a la neurosis, a la mediocridad y al fracaso.

Si no tomamos decisiones, nos dejamos arrastrar por el ambiente, por personas más fuertes que, de alguna manera, influirán en nosotros, y por tendencias heredadas, patrones de conducta personal, sugestiones y otras condicionantes que nos inmovilizan y que nos impiden ir en busca de la excelencia. Es fundamental conocernos a nosotros mismos para descubrir nuestros poderes y crearnos un nuevo carácter y nuevas cualidades. Solo así lograremos sobreponernos al ambiente ordinario para convertirnos en dueños de nuestra propia vida.

Debemos reconocer que cada uno de nosotros creamos nuestras propias experiencias a través de nuestros pensamientos, de nuestras emociones y de nuestras acciones.

Cuando tomamos la decisión de asumir la responsabilidad de nuestra propia vida y, en algunos casos, la vida, de quienes tanto amamos, dejamos de sentirnos víctimas o culpables de las circunstancias. Con ello, descubriremos que todo lo que nos propongamos realizar: **¡Sí se puede y es muy fácil!**

ASPIRACIONES HUMANAS

En este programa vamos a ascender por los diferentes niveles de la pirámide de las aspiraciones humanas para poder alcanzar la autorrealización, tomando como referencia la pirámide de Maslow y complementándola para de llegar a la autorrealización y autoevaluación.

La pirámide de las aspiraciones humanas está formada, en su base, por nuestras necesidades primarias. Esas necesidades son: económica (contar con techo, vestir y alimentarse); física (disfrutar de óptima salud física); mental (utilizar en forma positiva el poder de la mente); emocional (amar a nosotros mismos y a nuestro prójimo); moral (ser honestos, íntegros y auténticos, al armonizar nuestro comportamiento con nuestra escala de valores), y espiritual (conocer la realidad de nuestro verdadero ser). Los siguientes escalones de la pirámide consisten en lograr la seguridad de cada una de nuestras necesidades y proyectar nuestro amor conforme a las misma, tomar la firme decisión de auto evolucionar y, así, llegar a la autorrealización.

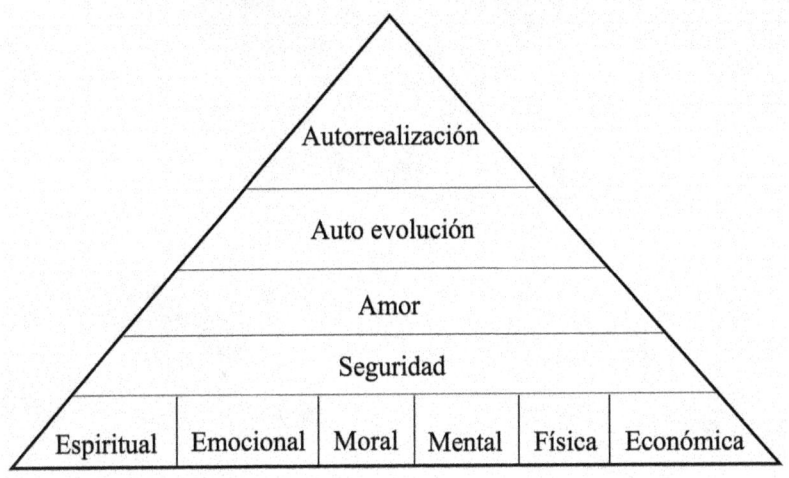

Pirámide de la Plenitud.

AUTOIMAGEN. LECCIÓN 1

TODOS LOS TRIUNFOS NACEN CUANDO NOS ATREVEMOS A COMENZAR

Todas las personas actuamos exactamente como la clase de individuos que creemos ser. Los hombres nacimos para ganar, pero durante toda nuestra vida, se nos ha condicionado para perder; es la imagen que nos hemos creado y que por alguna razón no hemos logrado cambiar, pero, para ser ganadores, debemos cambiarla.

Los actos de las personas dependen siempre de lo que creen que es la verdad acerca de sí mismas y de lo que les rodea. Si descubrimos que fuimos creados para dar manifestación de Dios y hacer el bien en este mundo, a nosotros mismos y a nuestros semejantes, nuestra actitud será siempre excelente y nuestra vida, llena de plenitud.

GRABACIONES

Como seres humanos, somos perfectos. Es decir, nuestro valor es infinito y, por tanto, merecemos disfrutar de todas las cosas buenas que nos brinda la vida a cada instante, manifestarlas y ser felices.

Somos triunfadores desde antes de nacer; procedemos de la unión de dos triunfadores que tomaron la decisión de unir sus vidas conjuntándose conscientemente en una cúpula de amor y, tras vencer, ambos, infinidad de obstáculos: son el óvulo y el espermatozoide, células que aportan información genética de dos personas para formar un nuevo individuo que eligió nacer.

La facultad de pensar se inicia desde que nos encontramos en el vientre materno. Nuestras primeras emociones y vivencias se originan en ese momento, cuando absorbemos e interpretamos, inocente e involuntariamente, los sentimientos, pensamientos, emociones y vivencias de nuestra madre. Aprendemos a captar sus alegrías, tristezas, temores, angustias, amor, dolor, llanto, satisfacción y todos sus sentimientos, y, así, hacemos nuestras sus actitudes y creencias. Todas esas grabaciones han afectado nuestra vida de alguna manera. De esta forma, puesto que algunos aspectos de la actitud hacia la vida de cada persona son preconcebidos genéticamente, el nuevo ser llega al mundo con elementos de lo que será su interpretación de la vida.

El nacimiento puede ser una de las experiencias más traumáticas para las personas; el paso de la matriz al mundo exterior está lleno de sensaciones que pueden ser desagradables. Hay una fuerza que nos ayuda a nacer, pero, cuando la criatura se resiste, la fuerza empuja y lastima.

Hay una luz que indica el logro de la meta, pero que se transforma en una molestia para los ojos cuando se requiere permanecer en la matriz. Un medio seco puede ser la victoria o la frustración; los sonidos entusiasman o aturden.

A partir de ese momento, la oxigenación y la alimentación de nuestro cuerpo exigen un esfuerzo. Pero, también, existen retribuciones y sensaciones placenteras desconocidas hasta entonces: la calidez del abrazo, manifestaciones de amor y atención, etcétera.

Entonces, comienza una de las etapas más importantes del ser humano: el inicio del conocimiento. Es decir, aprender a vivir en el mundo externo. Esta etapa genera una dependencia que nos va a afectar durante toda nuestra vida y nos costará mucho trabajo superar.

En el mundo externo, tenemos nuevas experiencias y recibimos nuevas influencias con las que interpretamos determinadas actitudes de los demás como: el rechazo, inseguridad y culpabilidad. Adoptamos opiniones ajenas y creamos, a partir de las mismas, inconsciente e involuntariamente, nuestras propias creencias y programaciones, y las seguimos incrementando con lo que absorbemos del medioambiente. Con el tiempo, esas interpretaciones han sido borradas del consciente, pero han quedado grabadas en el subconsciente; este las externa y, al mezclarlas con acontecimientos del medioambiente (en situaciones similares a las pasadas), nos hace actuar en forma errónea y dañina.

Al nacer, traemos con nosotros el conocimiento de nuestra perfección; lo vivimos, lo disfrutamos y exigimos todo aquello que deseamos, porque sabemos que lo merecemos. Durante la etapa en que estamos aprendiendo a vivir, nos satisfacen las caricias, los abrazos, el calor humano que nos rodea, pedimos que se nos alimente, que se nos asee, se nos proteja.

Durante los primeros años de nuestra vida, estamos ávidos de conocimientos. Todo nos llama la atención, todo nos entusiasma, no conocemos el temor; aprendemos a caer y a levantarnos una y otra vez; no nos damos por vencidos ante la adversidad. Defendemos nuestros derechos a toda costa; exigimos otros satisfactores porque sabemos que lo merecemos, que somos dignos de ellos.

En esa época, pese a nuestra dependencia materna, aceptamos a todas las personas por igual, sin etiquetarlas, sin fijarnos en condiciones sociales, económicas, jerárquicas, estéticas o de cualquier índole.

También aceptamos a las plantas, a los animales y a las cosas como un todo del que formamos parte.

Pero, de igual forma, empezamos a apreciar nuestra individualidad, a saber, que somos criaturas únicas e incomparables, con características propias que nos permiten interpretar la vida y las influencias externas en forma particular. Aprendemos a discernir, a aceptar y rechazar conceptos de la educación familiar, religiosa y escolar, así como del medioambiente en que no desarrollamos.

Esa educación generalmente es imperfecta, porque está dotada de sobreprotección, chantajes sentimentales y disciplina férrea. Nos enseñaron a recibir órdenes y a obedecerlas ciegamente, lo que significa hacer lo que otros quieren, con lo cual limitamos la capacidad de nuestra propia vida.

La disciplina durante la primera infancia es imprescindible. Lo que nos afecta es el uso del principio de autoridad en vez de la orientación, del convencimiento y de dejarnos en libertad para tomar nuestras propias decisiones.

Para nosotros, no existían los imposibles, pero nos hicieron creer lo contrario y nos cargaron con un pesado fardo de impotencia que nos obliga a luchar enconadamente para lograr nuestros propósitos. Nos enseñaron que las opiniones de otros son más importantes que las nuestras; llegamos a creer que, para valer, necesitamos de la aprobación, el reconocimiento y el amor de los demás, y que, para conseguirlo, debemos acondicionar nuestra actitud a ciertas reglas y aspirar a determinada posición socioeconómica.

En la escuela, algunos maestros nos regañaban si no comprendíamos algunos conceptos o si preguntábamos algo que para los demás era obvio; inclusive, éramos víctimas de las burlas de nuestros compañeros.

Todo esto nos ha inmovilizado, nos ha creado dependencias, culpas, resentimientos, inseguridades y temor.

Al llegar a la adolescencia (etapa en la que aprendemos a valernos por nosotros mismos), luego de la educación deficiente durante la niñez, nuestra vida se convierte en un caos. Por un lado, nuestra naturaleza nos impulsa a transitar por caminos desconocidos hasta entonces, pero, por otro, las reglas sociofamiliares nos restringen. La confusión se apodera de nosotros y el temor nos paraliza.

Entonces, se inicia en nuestro interior una lucha en la que unos cuantos salen airosos; mientras, la mayoría quiere sentirse libre de los compromisos que representan una responsabilidad, sin darse cuenta de que esa responsabilidad es su propia vida. Se dedican a llevar una vida disipada, a tomar bebidas alcohólicas, a consumir drogas y a tener relaciones sexuales, muchas veces con consecuencias funestas, como enfermedades venéreas, maternidad precoz, matrimonios obligados sin preparación debida, o cometer el abominable aborto.

Así, construimos nuestro presente con las grabaciones, pensamientos y actitudes de todo nuestro pasado plagado de errores de los que nos culpamos. Al resentirnos nosotros mismos, nos hacemos la vida difícil, pues pretendemos juzgar y castigar nuestros errores en vez de corregirlos. De la misma manera que nos causan penas, culpas, vergüenza y rencores, llenan nuestro presente con temores, preocupación, ansiedad y desilusión.

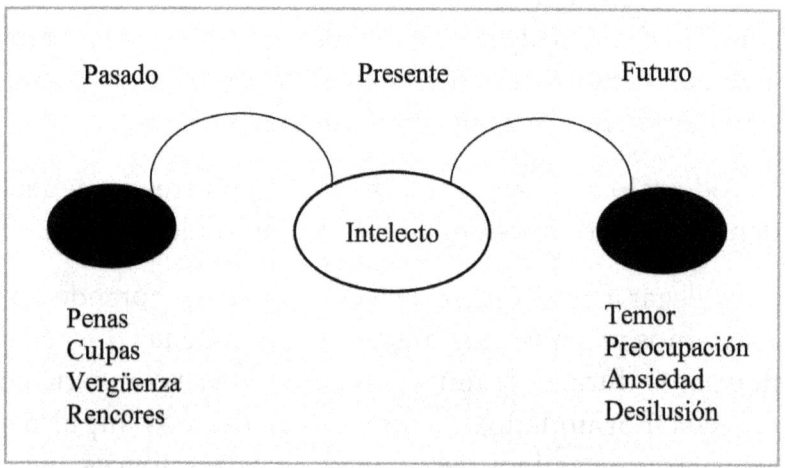

INTELECTO

Lo indicado para **PERDONAR y OLVIDAR** nuestro pasado es: revalorarnos, aceptarnos, apreciarnos; aprender a vivir el presente; saber que valemos y que merecemos todo, porque somos manifestación divina.

CREENCIAS

Al cambiar nuestra manera de pensar, cambiaremos nuestro modo de sentir y, por tanto, nuestra forma de vivir, nuestras acciones y nuestro universo. Todo pensamiento se convierte en creencia y toda creencia, en nuestra realidad.

Algunas de las creencias negativas que nos afectan son:

1. Que vivimos en un valle de lágrimas.
2. Que hay que sufrir en esta vida para merecer en la otra.
3. Que venimos al mundo a pagar karmas de una vida anterior.
4. Que nadie nos quiere y nadie nos comprende.
5. Que el dinero no alcanza para nada.
6. Que la situación está muy difícil.
7. Que vamos de mal en peor.
8. Que no se puede confiar en nadie.
9. Que cualquier tiempo pasado fue mejor.
10. Que la virginidad es una virtud.
11. Que hasta la muerte nos separe.
12. Que amar es sufrir.
13. Que el precio del triunfo es el sacrificio.
14. Que solo lo difícil vale la pena.

15. Que el dinero no crece en los árboles,
16. Que el dinero corrompe.
17. Que tener mucho dinero es inseguro.
18. Que el dinero se va como agua.
19. Que es más fácil gastar que ganar dinero.
20. Que el dinero es la causa de todos los males.
21. Que se necesita dinero para ganar dinero.
22. Que es mejor ser pobre y honrado.
23. Que la única forma de ganar más dinero es consiguiendo un buen empleo.
24. Que no hay dinero suficiente.
25. Que el dinero se va más rápido de lo que llega.
26. Que el dinero no rinde.
27. Que no puedes tenerlo todo en la vida.
28. Que dinero ahorrado es dinero ganado.
29. Que debes escoger entre la familia y el dinero.
30. Que hay que guardar dinero para los días difíciles.
31. Que no mereces ganar mucho dinero.
32. Que de tal palo tal astilla.
33. Que pobre nací y pobre moriré.
34. Que mi familia siempre ha sido pobre.
35. Que la vida cada día es más cara.

36. Que la única forma de ganar mucho dinero es trabajando mucho.
37. Que todo está podrido en dinero.
38. Que el dinero daña a las personas.
39. Que si quiero más dinero debo trabajar más tiempo.
40. Que pensar solo en dinero es malo.
41. Que el dinero te aleja de DIOS.
42. Que por qué alguien debe pagarme por lo que no hago.
43. Que los ricos son codiciosos y deshonestos.
44. Que cuesta mucho ganarse el dinero.
45. Que nadie puede ser millonario sin perjudicar a los demás.
46. Que el dinero se acaba.
47. Que los ricos son personas infelices.
48. Que el dinero no compra la felicidad.
49. Que el dinero no lo es todo en la vida.
50. Que el dinero se gana con el sudor de la frente.
51. Que es pecado tener mucho dinero.
52. Que el dinero cambia a las personas.
53. Que el dinero es de mala suerte.
54. Que el dinero siempre hace falta.
55. Que los ricos tienen malos sentimientos.
56. Que, si arriesgo mi dinero, lo perderé todo.

57. Nunca tengo tiempo para terminar lo que empiezo.
58. No sabría qué hacer con tanto dinero.
59. No merezco ganar lo que tengo.
60. Hay cosas que nunca podría pagar.
61. Solo quiero lo suficiente para vivir y pagar mis deudas.
62. No soy lo suficientemente bueno para ganar dinero.
63. No soy bueno en las ventas.
64. Es muy difícil ganar dinero.
65. Sin estudios, jamás poder lograrlo.

El número de creencias con las cuales te has identificado es: _____

Más de 20… Necesitas ayuda urgente. Tu mentalidad te está poniendo muchas limitantes.

Entre 15 y 19… Esta manera de pensar es la que te impide tener éxito, es preciso hacer un cambio ahora mismo.

Entre 6 y 14… Es momento de hacer y trabajar ahora mismo en superar tus creencias limitantes sobre el dinero.

Entre 1 y 5… Tienes una excelente fortaleza mental al respecto del dinero, mas siempre podrás mejorar.

Ninguna… Es poco real, según tú, eres perfecto.

Y claro, con todas estas creencias negativas, es lógico que vivamos en un valle de lágrimas, pues, al aceptarlas,

las convertimos en nuestra realidad; esa es la verdadera causa de nuestra desgracia.

Para mejorar nuestra manera de vivir, tenemos que modificar nuestros pensamientos y nuestras creencias; sobre todo, debemos cambiar la opinión de nosotros mismos. La más importante de las opiniones es la que debemos tener de nosotros mismos, porque es la que vivimos y manifestamos.

LA PEOR DESGRACIA QUE LE PUEDE OCURRIR A UN HOMBRE ES PENSAR MAL DE SÍ MISMO

Por eso, es necesario descartar todas nuestras creencias limitantes y reprogramarnos; esto es, emitir nuevos y positivos pensamientos para transformar nuestra vida.

De acuerdo con lo ya señalado por la programación mental positiva, "Autoestima", complementada con el aporte del conocimiento adquirido por uno de mis maestros y coach Mauricio Familiar y Haro a quien debo gran parte de sus enseñanzas, te comparto la siguiente técnica de relajación guiada y asistida.

TÉCNICA DE RELAJACIÓN PROGRAMADA

Carga de energía con respiración profunda. Con los ojos cerrados, *imagina el número 3*, repítelo tres veces y, mentalmente, di: *Este es mi nivel de relajación física en el que estoy muy a gusto, completamente relajado.*

Sigue haciendo acompasada y rítmica tu respiración e *imagina el número 2*, repítelo tres veces y, mentalmente, te dices: *Este es mi nivel de relajación mental, en el que los ruidos no me molestan; por el contrario, son un estímulo más para que mi mente se relaje cada vez más. Me siento muy a gusto, estoy descansando mi cuerpo, y mi mente se relajea cada vez más, me siento muy a gusto cuando estoy descansando mi cuerpo y mente.*

Continúa haciendo rítmica y armoniosa tu respiración, **imagina el número 1**, repítelo tres veces y te dices: *Este es mi nivel básico mental, en el que mi cerebro funciona de manera lenta y pausada, mi mente es más eficiente para servirme mejor, mi mente es más eficiente para servirme mejor.*

Pensamientos Positivos y llenos de amor hacia mí, como a mis semejantes, me traen beneficios y provechos que yo deseo. Cada minuto, conforme pasan los segundos, me siento mejor y mejor, en toda forma, de toda manera y con mi salud perfecta. En caso de que alguien me llame, en caso de peligro o emergencia, abriré mis ojos y estaré muy tranquilo, con mi mente clara y serena, muy descansado y con mi salud perfecta. Los Pensamientos Negativos, vibraciones negativas e ideas negativas, nunca jamás, por ningún motivo, tendrán efectos sobre mí en este nivel mental, ni en ninguno de los niveles mentales en los que opere, incluyendo mi nivel exterior consciente, **porque Yo Soy en todo lo que existe y es, porque Yo Soy en todo lo que existe y es.**

INSTRUCCIONES PARA SALIR AL NIVEL EXTERIOR CONSCIENTE

Mentalmente, te dices: Ahora, voy a salir a mi nivel exterior consciente, voy a contar del uno al cinco y, a la cuenta de cinco, abriré mis ojos y estaré muy bien despierto, bien descansado, muy contento, muy alegre, muy entusiasta, muy optimista, en perfecta armonía, con mi ánimo muy positivo y creador y con mi salud perfecta.

A continuación, inicias la cuenta despacio: 1... 2... Saliendo poco a poco ... 3... A la cuenta de 5, abriré mis ojos, estaré muy bien despierto, bien descansado, muy contento, muy alegre, muy entusiasta, muy optimista, en perfecta armonía, con mi ánimo muy positivo y creador y con mi salud perfecta, 4... 5... Ahora, abro mis ojos y me siento en perfecto estado de salud, muy tranquilo, muy descansado, muy contento, muy alegre, muy entusiasta, muy optimista, en perfecta armonía, con mi ánimo muy positivo y creador y con mi salud perfecta.

PRIMER EJERCICIO PSICOLÓGICO

Para cambiar los patrones de conducta, es indispensable analizar las grabaciones que de manera consciente o inconsciente hemos aceptado a lo largo de nuestra vida, y vamos a buscar las raíces de nuestros problemas emocionales para poder extirparlos... Recordando nuestra niñez.

REGRESIÓN MENTAL

1. ¿Cómo fue mi nacimiento?

    Es decir: deseado, por impulso, no deseado, con amor, por obligación, por violación, etc.

2. ¿Qué clase de niño(a) fui yo?

Desde mi primer recuerdo memorial hasta la edad de 7 años.

3. ¿Cómo era la relación entre mis padres, desde mi nacimiento? (Hasta los 14 años)
4. ¿Qué clase de hogar tenía?
5. ¿Cómo era la relación entre mis hermanos y yo?
6. ¿Qué clase de hijo, estudiante, amigo, hermano era yo?

    (Hasta los 21 años)

7. ¿Qué es lo que más me gustaba de niño(a)?
8. ¿A qué le tenía miedo cuando era niño y cuáles fueron los tres sucesos que marcaron mi vida en mis etapas de desarrollo y crecimiento?

    (Niñez, adolescencia y adulto)

9. ¿Qué fue lo que más necesité de niño(a)?
10. ¿Qué es lo que más desearía olvidar de mi niñez, adolescencia, o edad adulta?

Las respuestas deberán expresar a detalle todo y cada una de las experiencias de vida, incluyendo fechas, nombres, lugares, etc. Esto ayudará a tener un cuadro más claro de tu personalidad, ayudándote a encontrar la mayor parte de las causas posibles de los problemas emocionales, psíquicos, físicos o espirituales.

EL PERDÓN

Una vez concluido el ejercicio, [1er. Ejercicio], escribe en los casos donde intervinieron personas y dale las GRACIAS

Y PERDONA toda acción, hecho o cualquier pensamiento que te haya afectado de una u otra manera, donde hayas sentido el rompimiento de tu inocencia. En el caso de que las personas ya no estén en tu vida física... PRECISA con el poder que se te concede el perdonar.

Y... ¡*perdónalos ahora!* Después, destruye y quema lo escrito.

Ahora, al igual, recuerda y escribe cada uno de tus logros en las diferentes etapas de tu vida, los reconocimientos, metas, etc. Recuerda cómo te sentiste al haber cumplido tales logros, los momentos de felicidad, alegría y gozo, haciendo que cada logro permanezca en ti, cada momento, conservando tu imagen de felicidad en tus nuevas grabaciones mentales positivas.

Una vez otorgado el perdón de acuerdo con la creencia, fe o doctrina que profeses, es sinónimo de crecimiento personal.

REGLAS DE SABIDURÍA

Si la vida te parece llena de sombras y dificultades, si algún grave problema te preocupa, si todo parece ir en contra de tus deseos y aspiraciones, escucha atentamente estas 10 reglas de sabiduría, en las que puedes encontrar la solución de tu problema, el camino para salir de tus dificultades y superar los obstáculos que se hallen delante de ti, haciendo de ellos las gradas y el camino de tu progreso.

PRIMERA REGLA DE SABIDURÍA CONÓCETE A TI MISMO

Lo primero que debes hacer es conocerte, saber quién eres y por qué razón te encuentras aquí. En ti mismo está la luz que puede iluminarte; búscala en lo más íntimo y profundo de tu ser y sabrás que ahí mora en ti un ser eterno, inmortal e infinito, que eres tú mismo y es, al propio tiempo, mucho más sabio y poderoso que tú. Eres una manifestación, un hijo de este principio de vida que es la misma Omnisciencia, Omnipresencia y Omnipotencia; eres partícipe de estas cualidades según las reconoces y te identificas con ellas en tu propia consciencia.

La finalidad de tu existencia actual es la expresión de estas infinitas posibilidades que se encuentran en tu ser en un estado todavía oculto, latente e in-manifestado.

Conócete a ti mismo y conocerás el universo te llevará de la mano porque, en el autoconocimiento de comprender esta lección, es necesario liberarnos de todo tipo de prejuicios religiosos, toda clase de creencias dogmáticas y de supersticiones que nos limiten.

ORIGEN DEL HOMBRE

La humanidad acaba de nacer en el planeta. Su origen y su futuro son incógnitas que requieren respuestas. Desde hace mucho tiempo se han elaborado explicaciones que pueden encontrarse del lado de los mitos (que en realidad son metáforas), o de la ciencia (más directa).

Desde que el hombre es hombre, la historia de su origen es su principal inquietud, basta con estudiar superficialmente cualquier mitología para encontrar una explicación del origen del hombre; no existe cultura que no tenga una idea (real o no) sobre el tema.

Si ponemos un poco de atención a esas explicaciones, descubriremos que cada una está determinada por las necesidades, el ambiente y la historia del pueblo que lo concibe.

Para todos nosotros, la concepción hebrea es la más conocida, aparece en el **Génesis** del **Antiguo Testamento**, y cualquiera puede leerlo en la Biblia. Según esta tradición, Dios crea al hombre a su imagen y semejanza y le da el Paraíso para habitarlo, el primer hombre se llama Adán. Dice el Génesis que el hombre no goza de todo el paraíso porque le falta compañía, dice también que Dios se apiada de él y le da una compañera, Eva, a la cual crea utilizando una costilla de Adán.

Ambos viven felices hasta que Eva se deja tentar por la serpiente y come el fruto del árbol del conocimiento de la ciencia del bien y del mal; Eva convence a Adán para que lo pruebe, y de ahí se inicia todo, porque Dios solo prohíbe una cosa a su máxima creación: comer ese fruto. Como castigo, el hombre es expulsado.

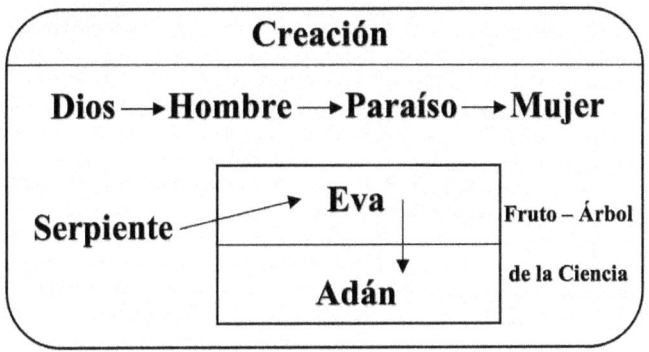

Origen de Vida

CICLOS DE VIDA DE ACUERDO CON LA BIBLIA

Teoría del ciclo de vida según el escritor Justin M. Dreams.

El hombre ha atravesado por varios ciclos de vida, cada uno se distingue por la actitud que asume hacia sí mismo y hacia el mundo que lo rodea.

El *primero, es el físico* (del Génesis hasta el año 500 a.c.) en el cual destacan Abraham, como patriarca de la humanidad, y Moisés, como el fundador del pueblo judío. Ambos recibieron la orden de ir en busca de la tierra prometida, lo que metafóricamente significa ir en busca del Reino de Dios que se encuentra dentro de nosotros mismos.

Le *sigue el mental* (del año 500 a.C. hasta nuestro siglo), que se inicia con la aparición de los grandes filósofos orientales de la antigüedad: Buda (Iluminado), quien predicó la salvación del hombre por sí mismo a través de la meditación para eliminar las dependencias y el dolor que producen; Lao Tsé, quien predicó la integración del hombre con la ley cósmica mediante el recogimiento y el amor a sí mismo; y Confucio, que basa su doctrina en el amor a la humanidad como principio de la superación y del perfeccionamiento del ser humano.

Ese cambio continúa con los grandes sabios griegos: Sócrates, quien enseña que la verdad se encuentra dentro de nosotros mismos y que la podemos descubrir a través del autoconocimiento; Platón, quien sostiene que la verdad radica en las ideas y que por encima de todo está la idea del bien; y Aristóteles, a quien se le considera el padre de la teología.

Este ciclo culmina con el más grande de los sabios, Jesús de Nazaret, llamado el Cristo (Luz), quien predica el amor, el perdón, la fe, la humildad, la meditación y el vivir únicamente el presente. Todos esos sabios establecen esa doctrina sin dogmas, sin dependencias, sin templos y sin sacerdotes.

Actualmente, estamos iniciando el *ciclo espiritual*, que comienza a partir de la Segunda Guerra Mundial con Albert Einstein, Erick Fromm y Adolfo Torres. Este ciclo se distingue por la necesidad que tiene el ser humano de conocerse en lo espiritual e integrarse a toda creación. El fruto del árbol del conocimiento de la ciencia del bien y del mal simboliza, entre otras cosas, la tendencia a interferir con los diferentes ciclos de vida por aferrarse al pasado o proyectarse al futuro.

En cierto sentido, el hombre vive una continua expulsión del paraíso al añorar con vehemencia aquello que va dejando o al tratar de proyectarse a un futuro más prometedor.

Físico	Mental	Espiritual
Génesis al año 500 a.C.	Cristo a siglo XXI	Época actual
Abraham Moisés	Buda (Iluminado) Lao Tsé Confucio Sócrates Platón Aristóteles Jesús- Cristo (Luz)	Apertura universal de consciencia

La humanidad ha transgredido los ciclos históricos a través de su existencia sobre la tierra, esta pudo ser la causa de que civilizaciones anteriores, quizá semejantes a la nuestra, decayeran hasta volver a la época de las cavernas.

LA CONCEPCIÓN

De acuerdo con el cristianismo, un ángel llamado Gabriel anuncia a la Virgen María el nacimiento del hijo de Dios. María concibe por obra y gracia del Espíritu Santo y da vida a Cristo.

Desde el punto de vista mitológico, podemos interpretar la metáfora de la siguiente manera: María representa a la mente virgen del hombre primitivo y el ángel es la inteligencia que hace consciente a la mente. De ese proceso nace Cristo, Cristo significa luz, es la consciencia que tiene el hombre de su propio ser.

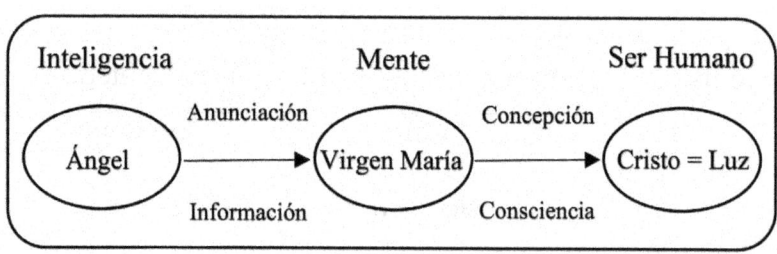

La Vida

LA VIDA

La ciencia ha demostrado que la materia es solo una forma concreta de energía, que lo que ha existido eternamente es energía. El día que la humanidad descubra la verdadera aplicación de la energía, hallará la paz, erradicará la miseria y aprenderá a vivir en plenitud.

Son maravillosas las formas complejas de organización de la energía: Las estrellas, los planetas y la vida; el hombre mismo, que es la más perfecta forma de organización porque es inteligente y nombra a su propia esencia. El hombre es energía o espíritu, hecho a imagen y semejanza de Dios.

La vida es energía en movimiento que evoluciona de manera constante y perpetua; es ritmo, es armonía, es sabiduría infinita, inteligencia creadora; vida es amor, equilibrio, dicha y felicidad; vida es manifestación del ser absoluto, aquello incomprensible que llamamos Dios.

La vida es eterna; no tuvo principio, siempre ha sido. Por lo tanto, la creación tampoco tuvo principio, ha sido desde siempre, pero ha tenido infinidad de formas, de dimensiones, de planos; constantemente está evolucionando, se está transformando.

DIOS Y EL HOMBRE

A través de todas las épocas evolutivas del hombre y de sus culturas, el ser humano ha tenido la intuición de que hay algo o alguien superior, eso es lo que da origen a las religiones.

La vida y la materia no surgieron de la nada. Tuvo que ser una energía cósmica mental, infinita y eterna; un ser todo poderoso, pletórico de sabiduría, el autor de la maravillosa creación universal.

Como el ser es infinito, todo lo abarca y, por consiguiente, **es todo y está en todo**. Consecuentemente, los seres humanos formamos parte de Él. El ser absoluto es la vida en sí misma, la única realidad de nuestra existencia y de todo lo creado, lo que indica que somos **Uno con Él**; y si él es en **todo,** también somos en **todo.**

Dios es Ser y Vida, es energía mental infinita y eterna, energía que conocemos como Amor. Como tal realidad consiste en creación perpetua de imágenes mentales que se materializan a base de vibraciones y construyen así su manifestación existencial.

Como el Ser es perfecto, es amoral; es decir, dentro de la perfección, no existen los conceptos Bueno y Malo, Bien y Mal. En Él solo hay amor, ritmo, armonía, sabiduría y dación perpetua de Sí mismo hacia toda su infinita creación, en la cual vive, evoluciona, se recrea y tiene su ser en esencia, presencia y potencia.

Como Ser mental, cada pensamiento es imagen y cada imagen es creación, que ocurre en el instante preciso del eterno presente. En Él no hay pasado ni futuro; Él no viene de recuerdos ni de planes y programas. En Él todo es presente, todo es perfecto.

Estar hechos a imagen y semejanza de Dios significa que Él nos concibió en su imaginación como su máxima obra para hacerse hombre a través de nosotros, y nos dio el paraíso para habitarlo. Es decir, nos dio su poder mental para hacernos copartícipes de su creación.

Dios es la fuente de esa energía pura, infinita y eterna que conocemos como amor. El amor no es otra cosa que la consciencia de Dios en nosotros. El amor se siente, se vive, se disfruta, y se comparte y, al compartirlo, nos proporciona energía en abundancia.

Cuando alguien siente que le hace falta esa energía, es por su ignorancia de Dios. Eso hace que se vuelva egoísta. En forma consciente, trata de obtenerla de otras personas a través de las discusiones, pleitos y de todo tipo de enfrentamientos.

SEGUNDA REGLA DE SABIDURÍA
CUIDA TUS PENSAMIENTOS

Considera todo pensamiento como una cosa real, que si lo admites y reconoces, y le permites dominar en el mundo interior de tu consciencia, le darás el poder de manifestarse en forma visible en el mundo exterior de tu vida.

Por lo tanto, aleja de ti todo pensamiento acerca de lo que no deseas y, especialmente, todo pensamiento o idea de tristeza, odio, rencor, venganza, enfermedad, fracaso, pobreza, desesperación, preocupación, enemistad y muerte. Haz de tu mente un cielo límpido y sereno, iluminado por la luz interior de tu consciencia; un jardín precioso que no admite sino flores y las plantas más hermosas.

AUTOCONOCIMIENTO. LECCIÓN 2

CONÓCETE A TI MISMO Y CONOCERÁS EL UNIVERSO

CONÓCETE A TI MISMO

A través de los siglos, generaciones de grandes personajes de la historia nos han enseñado que el conocimiento de la vida y todas sus infinitas potencialidades están en el autoconocimiento, que es el único que nos puede dar luz para contestar las eternas interrogantes: **¿Quién Soy?, ¿Cuál es mi razón de vivir? Y ¿Cuáles son las leyes que rigen la consecución rápida y feliz de mi misión en la vida?**

Comentan que, en el templo de Delfos dedicado a Apolo ubicado al pie del parnaso en la antigua Grecia, hay una inscripción que se le atribuye a Sócrates y que dice: **"Hombre conócete a ti mismo y conocerás el universo de los Dioses"**. Esto significa que el conocimiento de nosotros mismos se encuentra la fuente de la sabiduría universal y el descubrimiento de Dios en cada ser humano.

Había una vez, un rayito de sol que entraba por un agujero en el techo de un cuarto completamente oscuro e iba a posarse sobre la superficie de una mesa. Quién sabe por qué azares del destino el rayito de sol cobró consciencia de sí mismo y se sintió desdichado.

Qué poquita cosa soy, qué poquita es mi luz, ni siquiera alcanzo a alumbrar este pequeño cuarto. Qué poquito es mi calor, ni siquiera puedo calentar la superficie de esta mesa; esto decía constantemente. Un día, alguien puso un espejo en la mesa, justo donde se posaba el rayito de sol; de tal manera que este se vio reflejado hasta el sol mismo y pudo comprender la grandeza de la que formaba parte.

Todos somos como ese rayito de sol; nos sentimos poca cosa y nos pasamos el tiempo lamentándonos de nuestras vidas, pero basta con asomarnos en nuestro interior para comprender nuestra grandeza, la misma que todos compartimos.

Lo primero que debes hacer es conocerte, saber quién eres y por qué razón te encuentras aquí. *En ti mismo está la luz que puede iluminarte; búscala en lo más íntimo y profundo de tu ser y sabrás que ahí mora un ser eterno, inmortal e infinito, que eres tú mismo y es, al propio tiempo, mucho más sabio y poderoso que tú.*

Eres una manifestación, un hijo de este principio de vida que es la misma Omnisciencia, Omnipresencia y Omnipotencia; y eres partícipe de estas cualidades según las reconoces y te identificas con ellas en tu propia consciencia. La finalidad de tu existencia actual es la expresión de estas infinitas posibilidades, que se encuentran en tu ser en un estado todavía oculto, latente e in-manifestado.

Por ignorancia, la mayoría de los hombres han estado desconectados de la energía del principio de vida. Nosotros somos parte de esa energía en nuestra propia dimensión, por tanto, participamos en todos los atributos del Creador y debemos manifestarlos.

El YO (que somos todos y cada uno de los seres humanos) es un espíritu libre que tiene una mente para pensar y un cuerpo para actuar. Ambos, mente y cuerpo, instrumentos de expresión para dar manifestación a todas las ideas positivas, constructivas y armoniosas; es decir, a la Excelencia sobre la tierra.

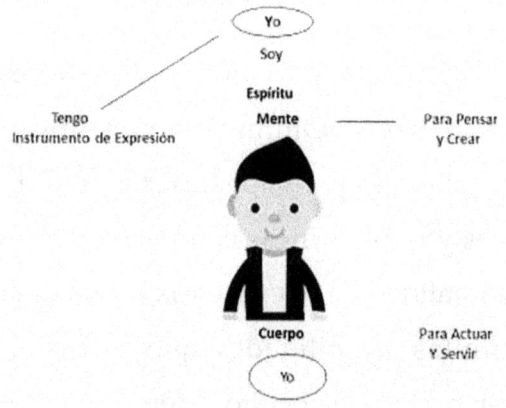

PODER MENTAL. LECCIÓN 3

EL HOMBRE SABIO ES EL AMO DE SU MENTE; EL IGNORANTE, ES SU ESCLAVO

AUTOCONOCIMIENTO

Los poderes más grandes del universo son invisibles; tal es el caso de la energía atómica, la energía eléctrica o cualquier otro tipo de energía que son invisibles. Sin embargo, las conocemos y las usamos; el amor es invisible, pero todos conocemos su gran poder; la felicidad y la paz interior son invisibles, pero quien las tiene, las vive, las disfruta y las manifiesta. La vida y sus ciclos son invisibles, como las estaciones del año, y nadie puede negarlas.

El ser humano es producto de la Mente Suprema que es invisible y es energía en el universo, Poder y Sabiduría eterna, origen de la armonía, de la creación y del bien; esencia del amor puro y perfecto, fuerza que está en todo y lo abarca todo, que todo lo sabe y todo lo puede.

La Mente Suprema es la fuente de todos los talentos, de todas las perfecciones; es el origen de todos los inventos, es la chispa de inspiración divina. En ella todo ya es y todo ya existe, contiene todo lo que hasta hoy ha sido y lo que mañana será.

La Mente Suprema es el principio de vida, el Ser Absoluto. El Ser es la energía que llamamos amor (representa el Padre); también es verdad (representa a la Madre, que es diseño y control). De la unión Padre y Madre nace la vida. La vida genera al ser humano, que es esencia espiritual llamada YO (que es uno con el Ser Absoluto), como la mente del ser humano son invisibles.

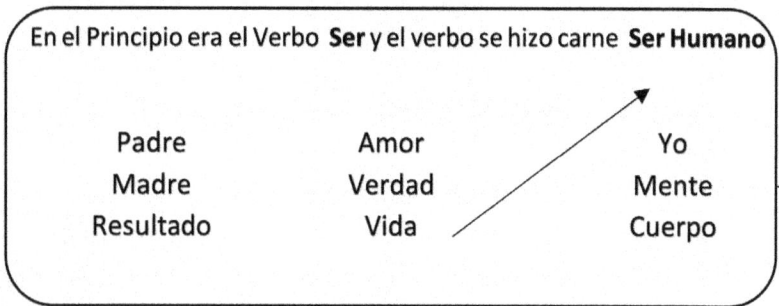

El YO es la consciencia individual del principio de vida, es el hilo de luz y energía que unifica al hombre de su creador. El YO es la esencia a través de la cual está integrado el hombre con el Todo. Por lo tanto, el YO es fuerza omnipotente que habita en el cuerpo. El YO es la consciencia individual del Ser Absoluto que todo lo sabe y todo lo puede. El YO es la energía que anima y da vida al cuerpo. El YO es único; nada ni nadie lo puede reemplazar.

El YO es el punto intermedio entre el mundo intangible y el mundo externo; su atributo invisible es la mente, a través de la cual se manifiesta en lo visible (constituido por el cuerpo) para ser proyectado al medioambiente.

Para vivir en armonía con el universo, debemos estar centrados es una realidad consciente e impersonal que nos permita interrelacionarnos con lo no dimensional y con lo dimensional; es decir, con el mundo espiritual y con el mundo material.

El mundo espiritual está constituido por el principio de vida que es energía que fluye a través del cosmos y que llamamos amor. El YO es esa misma energía que la mente interpreta y transmite al cuerpo para que el ser humano la proyecte al entorno.

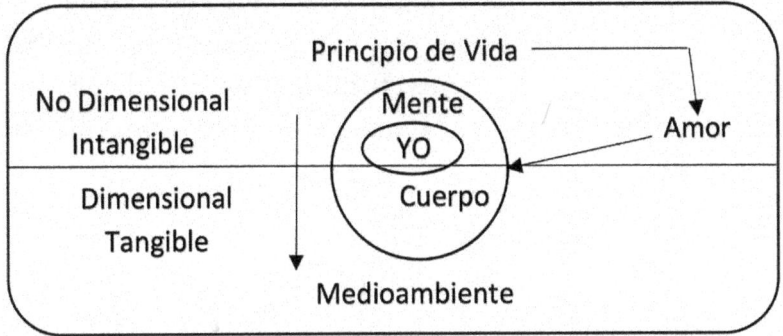

LA MENTE

Nuestra mente es una fuerza, activa y dinámica; es energía infinita y es una sola con la Mente Suprema. Sus atributos son la consciencia, la inteligencia y la voluntad.

La Consciencia es la parte de la mente que dice "Yo Soy", a través de ella, nos damos cuenta de nuestra realidad, de todo lo que nos rodea y de todo lo que existe y es. La inteligencia es quien dice "Yo sé", en ella se encuentra toda la sabiduría universal. Y la voluntad nos dice "Yo puedo", por medio de ella logramos la realización de todo lo que imaginemos.

La mente, que es la energía generadora de todos nuestros pensamientos e ideas y es el archivo de todas nuestras emociones e impresiones, funciona en dos diferentes planos: el nivel exterior (consciente) y el nivel interior (subconsciente).

El nivel exterior consciente corresponde al mundo físico, está sujeto a todo lo que atañe a la materia, a la percepción de los cinco sentidos y a las dimensiones de tiempo y espacio.

El nivel interior subconsciente corresponde al mundo espiritual, en este nivel se encuentra la raíz de los sentidos. En él no existen el tiempo ni la distancia.

Niveles	Mentales	
Nivel Exterior Consciente	Mundo Físico	Materia - Vista Oído - Olfato Gusto - Tacto Tiempo – Espacio
Nivel Interior Subconsciente	Mundo Espiritual	Raíz de los sentidos No existe tiempo ni distancia

Nosotros somos el producto de nuestros pensamientos, a través de los cuales creamos las condiciones para transformarnos en lo que somos.

Nuestra facultad de pensar establece las condiciones de vida que imaginamos en la mente, por eso, ya que nuestra capacidad para pensar es infinita, todos podemos controlar nuestra vida por medio del pensamiento positivo.

Como la mente trabaja con el poder del pensamiento, hemos limitado su uso con Pensamientos Negativos de carencias, enfermedades, angustias, preocupaciones, temores, añoranzas, envidias, celos, egoísmos, pesimismos, orgullo, culpas, odios, rencores, remordimientos, resentimientos, lucha, esfuerzos, presiones y de toda clase de razonamientos, emociones y sentimientos que solo producen dolor, desdicha y frustración. Todo esto lo produce nuestra mente cada vez que se lo solicitamos con situaciones similares a las que fueron creadas originalmente.

DIAGRAMA DEL DOLOR AL PODER (CAMBIO)

DOLOR  PODER

Las grabaciones mentales cobran valor cada vez que nosotros permitimos que se refuercen con los sentimientos de historias de vida del pasado trayéndolos al presente, por lo que tendrán influencia en nuestro futuro.

EJERCICIO

Coloque una banda elástica (liga) en la muñeca del brazo izquierdo (lado del corazón) con la finalidad de restar el dolor con el poder de decisión al cambio mental positivo.

Cada vez que se encuentre usted con Pensamientos Negativos o contrarios que estén afectando los resultados de crecimiento, deberá estirar la liga y soltar súbitamente. Durante todo el día nos encontramos con situaciones y acciones que nos llevan a recordar nuestro pasado, por lo que nos bloqueamos mentalmente y no permitimos un cambio de actitud (hágalo durante 30 días).

Para transformar en un hermoso jardín ese basurero en que hemos convertido nuestra mente, debemos sembrar solo semillas de amor, de fe, de ideas positivas, creativas, constructivas y armoniosas en la tierra de la consciencia, hay que regarlas con el agua de la inteligencia, usar el aire de la voluntad y el calor del amor para que germinen, se desarrollen, florezcan, fructifiquen y dejen enterrada la basura tan profundamente, que jamás vuelva a salir a la superficie. En nuestra mente no caben dos pensamientos al mismo tiempo. Podemos impedir que nos invadan Pensamientos Negativos (que solo nos causan dolor) si los sustituimos, inmediatamente, por Pensamientos Positivos y los primeros Pensamientos Positivos deberán ser dirigidos hacia nuestro ser como parte fundamental de nuestro objetivo principal.

Soy poderoso(a) y soy amado(a).

Soy poderoso(a) y amo.

Soy poderoso(a) y eso me gusta.

(Variantes que dan energía diaria).

CUIDA TUS PENSAMIENTOS

Considera a todo pensamiento como una cosa real, que, si lo admites y reconoces, y le permites dominar en el mundo interior de tu consciencia, le darás el poder de manifestarse en forma visible en el mundo exterior de tu vida. Por lo tanto, aleja de ti todo pensamiento acerca de lo que no deseas y, especialmente, todo pensamiento o idea de tristeza, odio, rencor, venganza, enfermedad, fracaso, pobreza, desesperación, preocupación, enemistad y muerte. Haz de tu mente un cielo límpido y sereno iluminado por la luz interior de tu consciencia; un jardín precioso que no admite sino flores y las plantas más hermosas.

NIVELES MENTALES

Para comprender la energía de la mente, la consciencia la ha dividido en mente consciente, mente subconsciente, mente inconsciente y mente súper consciente.

LA MENTE CONSCIENTE

Nos proporciona el conocimiento de nuestra consciencia mediante el cual nos damos cuenta de quiénes somos y qué es lo que nos rodea; nos permite reconocer y comprender nuestro ambiente, nos da el poder de controlar nuestras facultades mentales, de recordar todos los hechos, experiencias e impresiones de nuestra existencia, y el poder de comprender nuestras emociones y su significado. La mente consciente, racional o intelecto, cuyos atributos son el razonamiento, la lógica, el juicio, la forma, el cálculo, la consciencia y el sentido moral, y que se sirve de los cinco sentidos, nos permite tener una comprensión racional de nuestros éxitos y fracasos, de la validez de un argumento o de la belleza de una obra de arte. Pero su percepción está limitada por la interpretación con respeto a todo lo que atañe a la materia y a la dimensión del tiempo y el espacio.

LA MENTE SUBCONSCIENTE

Contiene todo el archivo de nuestra vida pasada y de todas las otras personas de todo el mundo y de toda la historia (lo que conocemos como mente colectiva). En ella están los recuerdos y la memoria. Es la que recoge nuestros pensamientos y los acepta como órdenes que cumple al pie de la letra; hace realidad lo bueno o malo que expresamos, dirige y gobierna las funciones de nuestro cuerpo y las hace reaccionar de acuerdo con nuestra actitud mental. Para ella, representa lo mismo decir o suponer. La mente subconsciente no tiene sentido del humor, desconoce la palabra "NO" y no discierne, solo obedece.

EL INCONSCIENTE

Guarda, como recuerdos olvidados, todas aquellas experiencias que, en su momento, por defensa, fueron olvidadas por la mente consciente y la subconsciente. Cuando se presenta una situación parecida a aquellas experiencias negadas, el inconsciente manda mensajes incompletos a la mente subconsciente, que modifican, muchas veces erróneamente, nuestra conducta, y generan rechazos.

LA MENTE SÚPER CONSCIENTE

Es una con la Mente Suprema. Nuestros poderes residen en la mente súper consciente, que es en donde se encuentra nuestra capacidad creadora. Sus atributos son la iluminación, la intuición, la corazonada y la premonición.

El cerebro es la sede de la mente consciente y subconsciente, también del consciente, pero no es de la mente súper consciente, ya que la mente súper consciente es energía cósmica que compartimos todos, nos llega a través del YO y es percibida por cada de nuestras células, incluso las del cerebro.

VIBRACIONES

El pensamiento, la emoción, el razonamiento, la voluntad, y el deseo, son energía mental que generamos y emanamos de manera continua y con ella afectamos a cuantos nos rodean. Es lo que conocemos como vibraciones. Las vibraciones energéticas y actuales se encuentran siempre presentes en todos los lugares, es lo que conocemos como ambiente. Por eso, en algunos sitios sentimos que se respira un ambiente de paz, un buen ambiente o un ambiente pesado. La frecuencia vibratoria del pensamiento es más potente que la de la luz, ya que a frecuencia de vibración del universo es transmitida como amor, por eso es que el amor es una energía vital para el ser humano. Cuando nuestro pensamiento es de amor, vibramos a la misma frecuencia que la Mente Suprema.

El cerebro es el órgano físico de la mente y está en estado de vibración constante. Cada uno de los diferentes niveles mentales funciona de acuerdo con la frecuencia vibratoria. Cuando estamos en nuestro nivel exterior consciente, el cerebro vibra a una frecuencia entre 14 y 21 ciclos por segundo. Al bajar sus vibraciones entre 14 y 7 ciclos, entramos al subconsciente; y cuando las vibraciones son entre 7 y 4 ciclos por segundo, nos ubicamos en el inconsciente. El súper consciente se activa a menos de 4 ciclos por segundo.

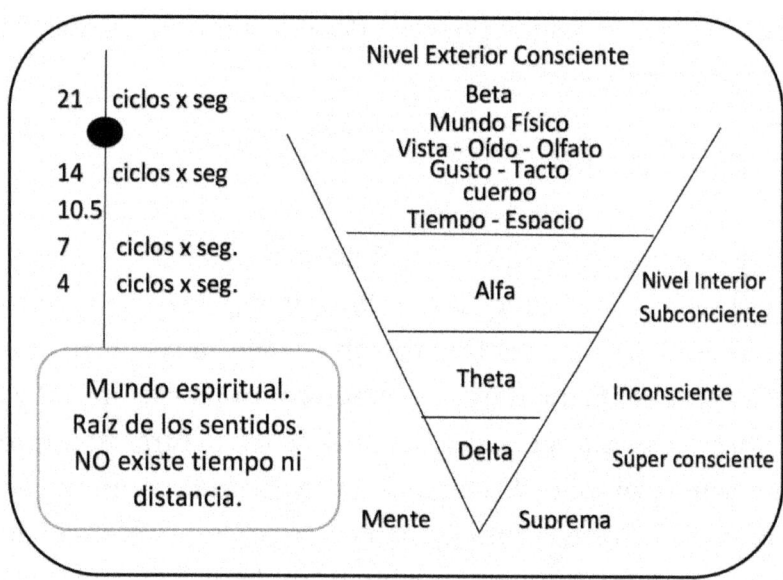

TERCER REGLA DE SABIDURÍA
BUSCA EN TI MISMO LA ESENCIA
REAL DE TODO LO QUIERES Y DESEAS

La vida es una manifestación de lo interno a lo externo y toda cosa nace y se crea en lo invisible antes de hacerse manifiesta en el mundo visible. Debes, pues, encontrar en ti mismo la esencia primera de lo que quieres que se manifieste en tu vida; reconocerlo y adquirirlo en tu íntima consciencia, para ser capaz luego de atraerlo al mundo externo.

Para este fin es necesario que aprendas a conocerte, retirándote diariamente a un lugar en donde puedas quedar solo y aislarte lo más posible de toda influencia exterior. Fija tu pensamiento sobre lo más elevado que puedas concebir; sobre tu ideal o sobre el mismo principio de vida que mora en ti, que es para ti la fuente y realidad de todos los bienes que es tu privilegio reconocer y manifestar. Piensa en lo que deseas, considerándolo como actual y real; como algo inseparable de tu mismo ser, y que, por tanto, de ninguna manera puede faltarte; pues desde el momento que lo deseas, ya te ha sido dado por la misma Omnipotencia; y tu parte consiste en aceptarlo y recibirlo, haciéndote para esto un canal adaptado.

Agradece a la fuente de vida la vida misma que mora en ti. El agradecimiento demuestra la Fe, fortifica la esperanza y manifiesta el Amor; abriéndote la puerta secreta de todos los tesoros que esperan en el mundo invisible a quien sepa recibirlos.

CREACIÓN MENTAL

La Mente Suprema que realizó toda su creación se encuentra dentro de cada uno de nosotros, lista para concedernos cuanto le pidamos. La creatividad de la mente se basa en ideas, en modelos producidos a través de la imaginación. Todas y cada una de las cosas realizadas por el hombre se iniciaron como una imagen mental; todo lo que conocemos como materia tuvo su origen en la mente. Gracias a ese poder, somos capaces de lograr todos nuestros propósitos.

El comprender este poder nos capacita para saber qué es lo que queremos, nuestra mente se encargará de realizar nuestros deseos. Lo importante es saber qué es lo que queremos: ¿salud, negocios, viajes, una casa, automóvil, compañía? Una vez que definamos nuestro deseo, es preciso crear el molde; es decir, imaginarlo ya realizado con todos sus detalles, sin ocuparnos en los medios, ver solo el final, fijar nuestro pensamiento en ello, concentrarnos, reconocer que eso que queremos es ya un hecho real. La mente se encargará de materializarlo si ponemos toda nuestra Fe de por medio, porque si dudamos el molde creado en la mente se destruye de manera automática.

EJERCICIO MURAL DE LOS DESEOS

Realiza un mural o en un pizarrón, recorta todos y cada uno de los sueños que deseas realizar.

Si es un viaje... Lugar al que deseas ir, cuantos días, medio de transporte, fecha, etc.

Si es un auto nuevo... La marca, modelo, color, detalles; en fin, determina fechas de los objetivos y metas que debas o desees cumplir, utiliza recortes, fotografías, etc., y colócalo en un lugar visible hasta la realización de tus sueños u objetivos a corto, mediano y largo plazo.

LA FE

Significa fuerza emocional. La Fe es una intuición profunda que nos mueve a confiar más allá de la comprensión. Es la certidumbre absoluta de la seguridad de un hecho.

Es el poder que logra la realización de los imposibles. Es el principio de la confianza en sí mismo.

La Fe siempre nos concede cuanto deseamos sin límite alguno. Jesús de Nazaret decía que, si tuviéramos fe del tamaño de un grano de mostaza, podríamos mover montañas. La duda y el temor aniquilan la fe porque son energías negativas que todo lo impiden y todo lo destruyen. Cada vez que oramos, invocamos ese infinito poder que se encuentra dentro de nuestro propio ser, pero una oración sin fe resulta totalmente inútil. Cada oración debería ser una realización del derecho que Dios nos dio para dominar nuestro propio cuerpo, nuestro medioambiente, nuestra salud, nuestros negocios, nuestra vida y nuestra prosperidad.

La duda y el temor tienen el mismo efecto de la palabra "abracadabra" en la historia del rey. Aparentemente, creemos que todo lo podemos conseguir, pero cuando llega el momento de utilizar nuestros poderes, la duda nos invade y nos impide lograr nuestros propósitos.

La vida es una manifestación de lo interno a lo externo. Todo nace en lo invisible. Piensa en lo que deseas y considéralo como actual y real, como algo inseparable de tu mismo ser, pues, desde el momento en que lo deseas, ya te ha sido dado por la misma Omnipotencia. Tu parte consiste en aceptarlo y recibirlo, haciéndote para esto un canal adaptado. Agradece a la fuente de vida la vida misma que mora en ti. El agradecimiento demuestra la fe, fortifica la esperanza, manifiesta el amor y te abre la puerta secreta de todos los tesoros que esperan en el mundo invisible para quien sepa recibirlos.

RENOVACION. LECCIÓN 4
CUERPO SANO, MENTE SANA

LEY DE RENOVACIÓN

Es un proceso de armonía en todo el universo. Por eso, es conveniente renovar nuestros pensamientos, actitudes, ambiente, actividades, amistades, hábitos y costumbres. Renovemos, también, nuestras relaciones emocionales con aceptación, amor y perdón incondicionales con nuestros padres, hijos, pareja, amigos, religión, país, mundo y universo; pero, principalmente, con nosotros mismos. Las células de nuestro cuerpo se renuevan periódicamente para dar manifestación de la armonía a través de la salud, pero, como el cuerpo solo responde a nuestras órdenes mentales, cuando estas son negativas (por falta de amor en nuestras vidas y por no vivir el presente), se producen las enfermedades. Si nos llenamos de amor y vivimos únicamente el presente, podemos restablecer la salud.

EL CUERPO

El cuerpo y la materia son solo una forma de energía, están formados por células, cada una de ellas encierra miles de átomos plenos de vida, cada átomo es un universo en sí, con sus propios soles y sus propias estrellas. Todos sus átomos forman su propio universo.

Nuestro cuerpo es el templo de la vida, es la morada de nuestro verdadero ser. El cuerpo humano es una maravilla, un milagro de la creación que siempre funciona en armonía perfecta, a no ser que nosotros mismos lo dañemos. Según estudios realizados por eminentes biólogos, existen genes letales en las células que forman organismos biológicos que están programados para establecer los promedios de vida en cada una de las especies en perfecto estado de salud. De acuerdo con estudios, los animales en estado de libertad nunca llegan a enfermarse ni a ser viejos; mueren cuando, según su programación genética, las células dejan entrar el calcio que las mata. El promedio natural de vida en los seres humanos es de ciento veinticinco años. Las enfermedades y la senectud son creadas por la mente a través de las emociones o creencias negativas de autorechazo ocasionadas por aferrarnos al pasado y proyectarnos al futuro.

Dichas emociones se manifiestan como ambición, celos, culpas, desconfianza, temor, egoísmo, envidia, incomprensión, rencor, intolerancia, odio, remordimientos, soledad y violencia, actitudes y sentimientos que generalmente empleamos para que nos tomen en cuenta, para castigarnos o para castigar a los demás. Podemos sanar si aprendemos a vivir el presente con amor, así transformamos en positiva la energía negativa que provoca la enfermedad. Nuestro comportamiento y nuestras emociones se reflejan en el cuerpo y afectan nuestra salud y bienestar físico. Para gozar del equilibrio, vamos a armonizar nuestro comportamiento y nuestras emociones. Empecemos por amar y respetar nuestro cuerpo; hay que atenderlo, alimentario bien y darle ejercicio y descanso.

LOS INSTINTOS

Según Freud, el ser humano está formado por tres elementos: el ello, yo, y súper yo. Los tres actúan como partes fundamentales de una carreta: el ello es los caballos, que determina las pasiones, las emociones y los instintos, su lugar es nuestro cuerpo; el súper yo, es el cochero, controla las pasiones, las emociones y los instintos, que equivale a nuestra mente racional; el Yo es el amo, la esencia, el espíritu.

Cuando domina el ello (los caballos), el hombre solo actúa de acuerdo con sus propios instintos, por lo que su vida es vacía y su futuro no es muy prometedor. Si domina el súper yo (el cochero), el hombre es víctima de los caprichos de su mente racional, es ella y solo ella la que marca el camino. Estas personas están condenadas a la neurosis y corren un gran riesgo de llegar a la locura. En cambio, si lo que domina es el yo (el amo), el hombre siempre es feliz y llegará a donde lo desee.

El ser humano cuenta con un poderoso instinto de conservación que se presenta como hambre, sed, sueño, deseo sexual y miedo. Su función es preservar la vida y la especie. El uso inadecuado o el abuso de los instintos es causa de lo que se conoce como pecados capitales, llamados así porque, al ser producidos por una actitud mental egoísta, destruyen de manera irreversible la salud física, mental y emocional.

EL INSTINTO SEXUAL

El instinto sexual es sagrado; es la máxima expresión de verdadero amor entre parejas, es el medio para perpetuar la vida, pero su uso como forma de satisfacción egoísta lo pervierte. Esto produce pérdida considerable de energía que ocasiona decaimiento, acompañado de un fuerte complejo de culpa que nos desestabiliza física, mental y emocionalmente.

El instinto sexual opera como estímulo en toda la personalidad; por eso, debe controlarse y regirse únicamente por el amor. La continencia no produce enfermedad ni neurosis; es una fuente de bendiciones si se dirige a encausar la energía sexual hacia empresas constructivas.

INSTINTO DEL MIEDO

Es un mecanismo de defensa que sirve para protegernos de los peligros que pudieran presentarse, pero aprendimos a usarlo indiscriminadamente para proteger nuestro ego de las supuestas agresiones que, por falta de seguridad en nosotros mismos, nos hacen los demás o las circunstancias y eventos externos.

Esos mecanismos afectan nuestras emociones porque van de acuerdo con las programaciones que adquirimos, lo que produce descargas de adrenalina, ácidos y azucares, cuyos síntomas interpretamos con nuestra mente racional como una muestra para demostrar que estamos bien. Esas descargas continuas son la causa de enfermedades como: gastritis, colitis, úlceras, diabetes, afecciones cardiacas, cáncer y otras tantas más.

Los instintos son la base sobre la cual descansa el templo de la vida; lo sostienen y lo elevan, o lo destruyen. Sé, pues, temperante y sobrio en tus alimentos y en todos los hábitos de tu vida física.

Nunca comas deprisa, ya que, para que se haga verdaderamente constructiva, toda partícula de alimento debe quedarse en la boca hasta que esté completamente disuelta. Bebe abundante agua, y coloca la fruta en primer lugar de tu comida. Aprende a respirar profundamente llenando tus pulmones. Sé dueño de tu organismo y no lo prostituyas al vicio y a la pasión. El amor es cosa sagrada y no debe profanarse. *Mens sana in corpore sano* (mente sana en cuerpo sano).

EL SISTEMA INMUNOLÓGICO

El cuerpo humano cuenta con un perfecto sistema que, al mismo tiempo, es maravilloso y trabaja, si lo dejamos, en enderezar y corregir lo que hemos descompuesto por nuestra errónea manera de vivir.

El sistema inmunológico tiene el poder de recuperación y cuenta con los sistemas, órganos y aparatos más maravillosos y perfectos, así como un laboratorio que produce todas las substancias necesarias para conservar nuestro cuerpo en óptimas condiciones. El sistema inmunológico de nuestro cuerpo funciona a través del sistema nervioso y del sistema endocrino, y ambos regulan el funcionamiento de nuestro organismo físico.

Las glándulas que lo forman son las siguientes: Pineal, pituitaria, tiroides, timo, islote de Langerhans, suprarrenales y gónadas. Su óptimo funcionamiento depende de nuestra actitud hacia la vida, la cual produce una influencia determinante. El amor, la concentración, el optimismo, la seguridad, la bendición, la libertad y la renovación estimulan sus funciones; en cambio, el egoísmo, la divagación, el pesimismo, el temor, las maldiciones, las dependencias y la monotonía, las atrofian. Es posible restituir la salud si estimulamos las funciones de las glándulas con un cambio positivo de actitud mental y adoptamos la actitud "pollyanna" (persona altamente positiva), tanto en casa como fuera de ella. Empezará a notar algunos cambios significativos en las personas que lo rodean, creando, así, su primer círculo de cambio realmente ciento por ciento efectivo.

SISTEMA ENDOCRINO

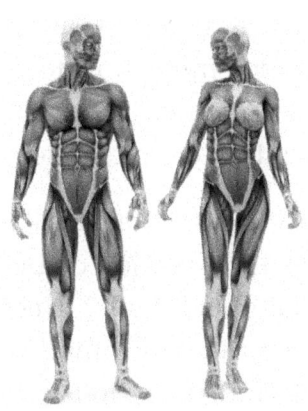

Glándulas	Ubicación	Significado	Influencia
Pineal	Centro de cerebro	Amor	(+) Amor (-) Egoísmo
Pituitaria	Atrás del entrecejo	Sabiduría	(+) Iluminación (-) Razonamiento
Tiroides	Cuello	Resplandor	(+) Optimismo (-) Pesimismo
Timo	Sobre el esternón	Confianza	(+) Seguridad (-) Temor
Islote de Langerhans	Sobre el páncreas	Comprensión	(+) Bendición (-) Maldición
Suprarrenales	Sobre los riñones	Tranquilidad	(+) Libertad (-) Dependencia
Gónadas	Testículos u ovarios	Paciencia	(+) Renovación (-) Rutina

LA RISA

La risa es alegre y contagiosa, y es un don exclusivo del ser humano. Es la máxima expresión de dicha, alegría y felicidad, y es la mejor forma de mantener y recuperar la salud, eliminar el estrés, la ansiedad, la falta de confianza, los temores y las adicciones. Cuando reímos a carcajadas, se acelera el ritmo cardiaco y se eleva la presión sanguínea, aumenta la frecuencia respiratoria y el consumo de oxígeno, se estimulan los músculos de la cara y el vientre, mientras los demás órganos se relajan. Alrededor de 25 músculos faciales entran en interacción durante la risa.

Al reír, el cerebro libera sustancias llamadas endorfinas, que producen euforia, sensación de bienestar y alivian el dolor. Con la risa, las glándulas incrementan la producción de defensas orgánicas y se mejoran los procesos de regeneración celular, dejando de lado la seriedad, la tristeza y la melancolía. Aprende a desarrollar el sentido del humor, a ver el lado amable y gracioso de las cosas, a reírte de ti mismo y de tus problemas. Ríe cuando puedas, ríe como quieras, pero ríe siempre. Recuerda aquel refrán que dice:

"**Ríe y el mundo reirá contigo; llora y llorarás solo**"

CUARTA REGLA DE SABIDURÍA
CUIDA TUS INSTINTOS

Los instintos constituyen la base sobre la cual descansa el templo de la vida y, según su uso, lo sostienen permitiendo su elevación o lo destruyen, además de hacer de ti su esclavo. Sé, pues, temperante y sobrio en tus alimentos y en todos los hábitos de tu vida física.

Nunca comas deprisa, ya que, para que se haga verdaderamente constructiva, toda partícula de alimento debe quedarse en la boca hasta que esté completamente disuelta. Bebe mucha agua y pon la fruta en el primer lugar de tu comida. Aprende a respirar profundamente llenando tus pulmones. Sé dueño de tu organismo y no lo prostituyas al vicio y la pasión. El amor es cosa sagrada y no debe profanarse.

CRECIMIENTO. LECCIÓN 5

LA NATURALEZA OBEDECE AL HOMBRE QUE CUMPLE LAS LEYES

LEYES

Como ya hemos visto, aquello que llamamos Dios es energía absoluta, infinita y eterna, pletórica de sabiduría que se hizo hombre en nosotros, en esencia, presencia y potencia; es decir, con todos sus atributos mentales, que incluyen la facultad de creación.

Para que el universo funcione en armonía, la Inteligencia Infinita estableció leyes que rigieran la vida, otorgó al hombre libertad para vivir y lo hizo responsable de sus actos. Sin embargo, por desconocimiento, hemos ignorado esas leyes y, por ello, nos impedimos ser felices.

Estas leyes están científicamente comprobadas y nos han sido enseñadas por los grandes filósofos y por todas las religiones, pero no las hemos sabido interpretar ni entender en su verdadero significado. Sin embargo, una vez que las comprendamos, las aceptemos y las respetemos, tendremos la facultad de cambiar para mejorar nuestra manera de vivir y crear el destino que deseemos. Si, por ignorancia, rebeldía o indiferencia, las transgredimos, el desequilibrio que produce dolor, desdicha y frustración será nuestra responsabilidad. Toda ley implica un orden para el bien, todas las leyes de la naturaleza fueron establecidas para dar al hombre poder sobre la energía. Todo en el universo funciona en equilibrio y armonía y, cuando alguien la rompe, vienen los problemas.

QUINTA REGLA DE SABIDURÍA
CUIDA TUS PALABRAS

Dentro de toda palabra, hay un principio o fuerza creativa de lo que esta expresa; y, en este principio, modela constantemente el carácter, la manera de ser y aun el mismo organismo físico de quien lo prolifere, así como su ambiente y circunstancias; atrayendo, a quien las pronuncia, algo semejante al contenido de ellas.

Hazte, pues, un deber de reflexionar sobre todo lo que vas a decir y nunca permitirte expresiones que no sean justas, verdaderas, amables, benévolas y constructoras. Sobre todo, huye de las críticas, de la calumnia y de la murmuración.

El conocimiento de las leyes confirma que Dios no es un personaje que fiscaliza ni está al pendiente del comportamiento de ninguna persona en particular, ni de la humanidad.

En eso consiste la perfección del ser humano, quien está facultado para ser todo lo que quiera, hacer todo lo que desee y lograr todo lo que se proponga. Por tanto, cada uno de nosotros somos creadores de nuestro propio destino, con capacidad para determinar nuestra vida de acuerdo con nuestra propia creación mental.

No existe absolutamente ningún ser, entidad o fuerza diabólica que tenga algún poder maligno sobre el ser humano; pero cada persona, sin excepción, tenemos capacidad infinita para utilizar las leyes en nuestro beneficio. De la decisión individual de cada quien depende que nuestra vida sea feliz o desdichada.

LIBRE ALBEDRÍO

Dios hizo al hombre libre de dirigir su vida de acuerdo con sus principios y deseos, eso implica que somos libres de crear nuestros pensamientos, los cuales tienden a materializarse en nuestra realidad. Todos tenemos diferentes vidas, diferentes fantasías, diferentes anhelos, porque podemos escoger a voluntad si queremos ser felices o no. Creamos y vivimos nuestra propia realidad, hacemos uso del libre albedrío para dar forma a nuestros pensamientos, a nuestras decisiones y conceptos de acuerdo con nuestra propia voluntad. Eso nos hace responsables absolutos de nuestra propia vida.

Por ignorancia, hemos usado nuestro libre albedrío para esclavizarnos y hacernos daño; nos dejamos influenciar por las opiniones, costumbres, pensamientos, modalidades y sentimientos del mundo externo; o sea, por el **"qué dirán"**.

Nos esclavizamos a las añoranzas y reproches del pasado, nos esclavizamos a las esperanzas y preocupaciones del futuro, nos esclavizamos a personas (principalmente a padre, hijos y, sobre todo, a nuestra pareja), nos esclavizamos a actividades que nos disgustan. En resumen: somos esclavos del temor, temor de los efectos futuros de los errores de nuestro pasado, temor a la pobreza y temor a la soledad.

Para empezar a ser felices y vivir plenamente cada uno de los instantes que son nuestro eterno presente, vamos a aprender a liberarnos del pasado, del futuro y de toda clase de dependencias. No hay más vida, ni antes, ni después; nuestra única vida es la que tenemos en este momento.

Debemos usar nuestro libre albedrío para dejar de pensar con la mente racional y aprender a usar la mente súper consciente.

Hay una frase que hizo famosa Benito Juárez y que, al calce, dice: *"El respeto al derecho ajeno es la paz"* (Galeana, 2022).

Respetar el derecho ajeno es aceptar a la gente como es, sin sentirnos afectados por ello. Es respetar el derecho que todos tenemos, de acuerdo con nuestro libre albedrío, de ser buenos o malos, frívolos o susceptibles, coquetos o recatados, fieles o desleales, beodos o abstemios, hipócritas o sinceros, tiernos o déspotas, chismosos o veraces, dóciles o rebeldes, orgullosos o humildes, simpáticos o antipáticos, criticones o reservados, felices o infelices, o como cada quien quiera ser. Si queremos tener paz en nuestras vidas y en nuestras relaciones, debemos respetar la forma de pensar, de ser y de actuar de todas las personas, sin excepción.

Para respetar la libertad ajena, debemos estar conscientes de que no podemos cambiar a la gente, ni a sus circunstancias, ni a sus creencias, ni a sus sentimientos, pues eso sería intervenir en su libre albedrío. De la misma manera, no somos responsables de la vida de los demás (incluidos nuestros seres queridos). Por eso, al intervenir en la vida y problemas de otros, quebrantamos esa ley y desequilibramos nuestra energía y la de los demás.

Constantemente transgredimos la ley de libre albedrío por vivir con un concepto equivocado del amor, pues generalmente lo vemos como un reflejo de nuestro egoísmo, por medio del cual exigimos y demandamos derechos, tratamos de imponer ideas o voluntad sobre los demás; cuando, la verdad, es que con eso acabamos con el amor.

¡Amar es aceptar incondicionalmente a un semejante sin reclamar nada a cambio! ¡Amar es querer, desear y hacer el bien para los demás, no menos que para uno mismo!

El amor perfecto consiste en desear, para quien se ama, el mejor y mayor bien, con respeto absoluto a su libertad de pensar, de sentir y de comportarse como quiera.

El verdadero amor no forma ideales de lo que el ser amado debe ser, ni trata de mejorarlo, alterarlo o corregirlo, nunca pide nada a cambio, no impone obligaciones, no critica ni trata de cambiar al ser amado. El verdadero amor o demanda correspondencia ni nada a cambio. El verdadero amor no siente envidia ni celos; siempre espera lo mejor y no se altera ante ninguna circunstancia, por adversa que esta sea. El verdadero amor se manifiesta con cortesía y gentileza, respeto y consideración de los derechos y sentimientos de los demás; piensa en lo mejor de ellos y no en sus defectos.

El amor verdadero es tranquilo, paciente y generoso, no maldice, ni calumnia, ni murmura, ni juzga; tiene fe en todas las personas, los seres y cosas. El amor verdadero soporta todo y nunca falla. Cuando sabemos amar, los éxitos ajenos son nuestros éxitos. Si envidiamos los éxitos de alguien o nos encelamos porque muestre interés por otra persona o sea admirado por alguien diferente a nosotros, no es amor lo que sentimos, sino egoísmo.

El amor incondicional permite que cada persona se manifieste tal como es, que no trate de imponerse, que se respete a sí misma, que sea libre y auténtica, que diga siempre lo que piensa y lo que siente, que actúe de acuerdo con sus propios valores morales y haga caso omiso de los impuestos tradicionalmente por la sociedad, sin importarle lo que al respecto piensen otras personas, por estar convencido, de acuerdo con su libre albedrío, de estar actuando libre y adecuadamente.

En el amor es infinitamente más importante amar que ser amado. El amor todo lo vence, es la divina voluntad del bien, es libertad absoluta y su poder y fuerza son ilimitados.

El amor verdadero no encadena ni crea dependencias, proporciona alas de la libertad absoluta. El verdadero amor está al margen del orgullo, de la envidia, la egolatría y el egoísmo. El amor libera y santifica, mientras que el egoísmo esclaviza y embrutece.

Ningún sentimiento que esclaviza es amor, la atracción física que se basa en reacciones químicas y electromagnéticas no es amor, no es amor el que se basa en sentimientos de orgullo y posesión y los celos y la vigilancia entre parejas tampoco es amor.

EGOÍSMO

Una de las principales causas que destruyen las relaciones humanas, sobre todo de pareja, son juicios ocasionados por lo que consideramos evidencias de infidelidad o de opiniones de terceras personas. Es muy común prestar atención y dar crédito a comentarios ajenos altamente destructivos; también lo es investigar, vigilar y revisar los pasos y las pertenencias de la pareja en busca de supuestas evidencias de infidelidad. Hoy día, el celular y las redes sociales por internet son causa del 80% de separaciones de parejas. Cuando existe egoísmo, no hay amor; y como, además, se transgrede la ley de libre albedrío, nos hacemos daño porque creamos dependencias, con lo cual ponemos en peligro la relación, la sinceridad y el respeto mutuo. Si realmente amamos a nuestra pareja, padres, hijos y demás personas con quienes convivimos, debemos respetar su libertad para que nuestra libertad sea respetada. Este es el principio de las buenas relaciones con base en el amor.

Si nos desagrada frecuentar, vivir o convivir con alguien porque no se adapta a nuestras programaciones, podemos escoger, con respeto a su libre albedrío, aceptarlo con amor, o alejarnos de su vida para vivir y dejar vivir en paz.

LA LEY DE ACCIÓN Y REACCIÓN

A toda acción corresponde una reacción. Los seres, las personas y las cosas, reaccionarán sobre ti conforme a tu acción; si les amas, te amarán; si les odias, te odiarán; si les sirves, te servirán; si das, recibirás.

LEY DE GRAVEDAD

Todo el universo gira en forma continua y armoniosa, esto hace que toda energía da vida y movimiento a su creador. Esa es la razón por la cual la energía de cada pensamiento regresa convertida en realidad. Por tanto, cuando generamos un pensamiento de alegría, recibimos de regreso alegría; pero, si el pensamiento es de disgusto o de tristeza, se nos regresará disgusto o tristeza. Por eso, cada pensamiento tiende a materializarse en nuestra realidad; lo que confirma las palabras de Amado Nervo en su poema "En paz"

"Yo fui el arquitecto de mi propio destino".

Al comprender esto, sabremos que nadie más, sino cada uno de nosotros, es responsable de lo que somos y de lo que nos pasa, puesto que nadie puede pensar por nosotros, ni obligamos a pensar lo que queremos.

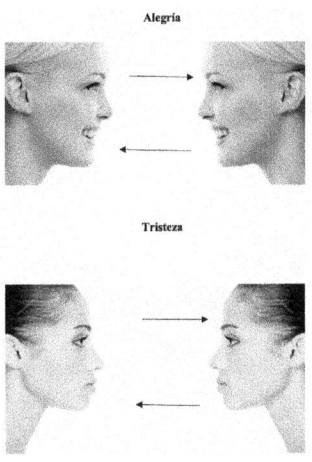

LEY DE LA ATRACCIÓN

En el mundo físico, los polos opuestos se atraen y los iguales se repelen; en el mundo mental, los iguales se atraen. Todos nuestros pensamientos emplean energía cosmica. Al recibir esa energía, la transformamos, según la calidad del pensamiento, en enrgía positiva o enegía negativa. De esa manera, construimos nuestros éxitos o fracasos. Esta energía se convierte en una antena que nos sintoniza con personas y circunstancias afines y las atrae hacia nosotros. Eso explica las coincidencias. De acuerdo con esta ley, atraemos lo qu tenemos, lo que no soportamos, lo que nos negamos a aceptar o admitir y lo que más nos disgusta.

Cuando alguien se siente pobre, enfermo, temeroso, inseguro y fracasado, además de atraer esas situaciones, se sintoniza con personas con las mismas dolencias; lo mismo ocurre con quien se piensa a sí mismo como triunfador, saludable, inteligente, rico, poderoso y emprendedor.

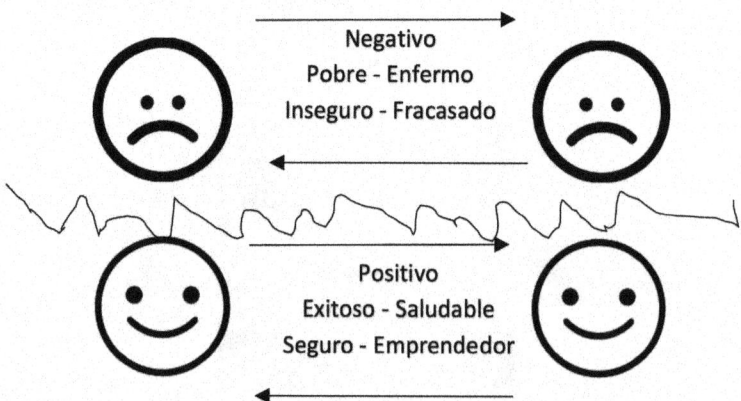

CUIDA TUS PALABRAS

Dentro de toda palabra hay un principio o fuerza creativa de lo que esta expresa; y este principio modela constantemente el carácter, la manera de ser y aun el mismo organismo físico de quien la profiere, así como su ambiente y circunstancias; atrayendo, para quien las pronuncia, algo semejante al contenido de ellas. Hazte, pues, un deber de reflexionar sobre todo lo que vas a decir, y nunca te permitas expresiones que no sean justas, verdaderas, amables, benévolas y constructoras, sobre todo, huye de las críticas, de las calumnias y de las murmuraciones.

Las palabras que empleamos afectan nuestra manera de pensar y de sentir, quedan grabadas en el subconsciente y se convierten en parte de nuestro carácter y de nuestra personalidad.

Existen algunas palabras como: "tratar", "no puedo", "es muy difícil" y "cuesta mucho trabajo" que expresan falta de dominio de las circunstancias. Cuando decimos "voy a tratar", significa que tenemos inseguridad. En cambio, si decimos "voy a hacer", demuestra nuestra confianza en nosotros mismos.

Cuando decimos "no puedo" estamos indicando que las circunstancias nos dominan; por eso, hay que cambiar el "no puedo" por simplemente "no quiero", con lo cual somos nosotros quienes dominamos los acontecimientos.

Cuando decimos "es muy difícil" o "cuesta mucho trabajo", impedimos la realización de lo que queremos;

en cambio, si decimos **"sí se puede y es muy fácil"**, comprobamos que, efectivamente, todo se puede lograr y que es verdaderamente fácil de lograr o realizar.

Además, como las palabras que pronunciamos se graban en el subconsciente, los "trataré", "no puedo", "es muy difícil", y "cuesta mucho trabajo", nos impiden la realización de lo que realmente queremos. En cambio, cuando afirmamos, aumentamos nuestra capacidad. La afirmación indica que sabemos lo que queremos, en cambio, la negación es ambigua y refuerza lo que niega. Las palabras siempre reafirman su significado en el subconsciente, el cual no distingue la negación que las pueda acompañar.

LA LEY DE CAUSA Y EFECTO

La causa de todo es el pensamiento, su efecto, es la acción. Todo acontecimiento es el resultado de un pensamiento o de un acontecimiento anterior; siempre existe una relación entre todo lo que ha pasado y todo lo que sigue. Todo pensamiento generado en nuestra mente y todo acto realizado, tienen sus resultados directos e indirectos que se eslabonan, coordinadamente, en la cadena de causas y efectos.

Nada sucede casualmente. Como todo ocurre por una causa o por una cadena de causas, la casualidad indica la existencia de una causa no percibida o no comprendida. Todo lo ya existente en este mundo fue pensado y materializado o realizado.

LA SUERTE Y EL DESTINO

Puesto que el don más extraordinario que poseemos es la mente, con la cual tenemos la facultad de crear; y, puesto que el libre albedrío es el privilegio más grande que se nos ha dado, podemos asegurar que la suerte y el destino no existen, sino que nosotros lo creamos. La palabra "azar" expresa nuestra ignorancia de las causas.

Si sabemos que, dentro del universo, el movimiento de la hoja de un árbol, el zumbido de una abeja, el salto de un insecto, la órbita de los astros; todo, al fin de cuentas, obedece a leyes matemáticas inmutables, es absurdo pensar que el destino de un hombre, del ser más perfecto de la creación, hubiera quedado abandonado al azar y a la suerte, al caos.

Nuestro destino no depende de la fatalidad, ni de la suerte, ni de la buena o mala voluntad de los demás, sino de nosotros mismos y ¡únicamente de nosotros! Así que, como hemos creado, en el pasado, todo cuanto en estos momentos nos ocurre, podemos producir en el futuro circunstancias mejores con solo cambiar nuestra actitud mental conscientemente.

Esta conclusión es la única que puede ponernos en paz con el universo entero y con nosotros mismos, porque, al reconocer que solo nosotros somos responsables de lo que nos pasa, dejaremos de sentir rencor hacia los demás o hacia lo demás, pues dejaremos de creernos víctimas.

Juan de Dios Legorreta, el gran maestro del humanismo y de la excelencia, hace un llamado entusiasta, sonoro y vibrante que dice así:

"Nunca te quejes de nada ni de nadie, porque tú y únicamente tú eres la causa de todo. No digas jamás que la situación está muy difícil, lo estará para ti, pero hay muchísimos individuos para los que no tiene nada de difícil. No digas que el dinero está muy escaso; eso será en tu casa y en la de tus conocidos; abunda en muchísimas partes. Hay infinidad de minas que de continuo están aumentando el acervo metálico de la humanidad y multitud de máquinas que acuñan de día y de noche; hay muchas cajas fuertes henchidas de discos de oro, hay muchísima gente que no sabe qué hacer con el dinero que tiene, hay quienes lo tiran a manos llenas. La escasez es tuya.

Tú eres la causa de todo lo que te acongoja, como eres también la causa de tu escasez, de tu situación, de tus dificultades, de tus desdichas. La causa de todo eres tú. El chambón, el pesado, el torpe, el apasionado, el ignorante, el vicioso y el atarantado".

Aprende a los fuertes, a los activos, a los audaces, a los que nada necesitan; aprende a los valientes, a los enérgicos, a los que no conocen situaciones difíciles, aprende a los que triunfan; sé cómo los hombres cabales, deja de ser como los muñecos de hilacha.

¡Levante, anímate, báñate, apúrate, muévete, espabílate!*"* (De Dios Legorreta, 1985, pp. 37-38)

LEY DE LA CREACIÓN

Pensar es crear. Toda idea sembrada en la mente germina y crece en deseo, se desarrolla a través de una imagen mental, atrae todo lo que es necesario para su realización material y se va a manifestar, tarde o temprano, se quiera o no se quiera, indefectiblemente. Un pensador es un creador que vive en un mundo de su propia creación consciente. Lo que piensas en tu corazón es lo que se realiza. Esto es mejor conocido como "El deseo ardiente".

Así como en el mundo físico existen cuatro principios o elementos básicos de vida: tierra, agua, aire y sol, de los cuales una de sus finalidades es hacer que toda semilla sembrada en la tierra germine, crezca, se desarrolle, florezca y fructifique; en el mundo mental, existen cuatro elementos de vida: Consciencia o Tierra, inteligencia o Agua, Voluntad o Aire y Amor o Sol. Una de las finalidades de estos elementos es hacer que toda idea o semilla sembrada en la mente germine y crezca en deseo, se desarrolle en pensamiento, florezca en acción y fructifique en resultados.

Todo en universo es un proceso que se manifiesta por medio de ciclos, así vemos cómo:

El invierno es una etapa de quietud que se caracteriza por sus intensas nevadas que representan el agua (en el plano espiritual, significa verdad, o Dios).

La primavera es el ciclo de fertilización; se presentan los primeros vientos, las mariposas y las abejas polinizan las plantas y la vida inicia su reproducción: es la conexión. En el plano espiritual, representa al YO.

El verano trae consigo la maduración de los frutos y la tierra se prepara para recibir las semillas, representa la acción; espiritualmente, equivale a la forma o mente.

Y, por último, el otoño es una estación fresca y seca, se presentan las cosechas, es el período de creación, del amor.

Estación	Elemento	Actitud	Plano	Espiritual
Invierno	Agua	Quietud	Verdad	Dios
Primavera	Aire	Conexión	Energía	YO
Verano	Tierra	Acción	Forma	Mente
Otoño	Fuego	Creación	Amor	Cuerpo

En el plano mental, para efectuar la creación de nuestras empresas, el ciclo empieza por la quietud, la relajación y la meditación. El siguiente paso es conectarnos con el subconsciente. Enseguida, viene la acción, que corresponde a dar forma a nuestro proyecto. Termina con el movimiento y el trabajo para realizar la empresa propuesta.

LA MORAL. LECCIÓN 6

NO HAGAS NINGÚN MAL A NADIE, NI A TI MISMO

ESCALA DE VALORES

Todos los seres humanos actuamos de acuerdo con una escala de valores particular que nos indica lo que es correcto o incorrecto. Pero nuestro comportamiento, generalmente, es contrario a las normas que consideramos como ciertas, ya sea que hayan sido impuestas, heredadas o creadas, con base en interpretaciones de lo que debe ser nuestra conducta, lo cual nos llena de culpas y remordimientos que nos afectan emocionalmente.

De acuerdo con nuestra propia escala de valores, juzgamos a los demás de la misma manera en que nos juzgamos; nos sentimos ofendidos o lastimados por el comportamiento de las otras personas que actúan como quieren, generalmente, por sus propias razones, y no por afectarnos. Solo existe una escala de valores auténtica dentro de nuestra consciencia: "Ama a tu prójimo como a ti mismo". Por tanto, si nuestro comportamiento nos hace sentir culpables, necesitamos analizar si, efectivamente, estamos dañando a alguien o a nosotros mismos. Si en cualquiera de los dos casos la respuesta es afirmativa, significa que nuestra escala de valores es correcta, por lo que debemos modificar nuestro comportamiento. Pero, si la respuesta en ambos casos es negativa, nuestro comportamiento es correcto; lo que hay que cambiar, es nuestra escala de valores.

COMPORTAMIENTO

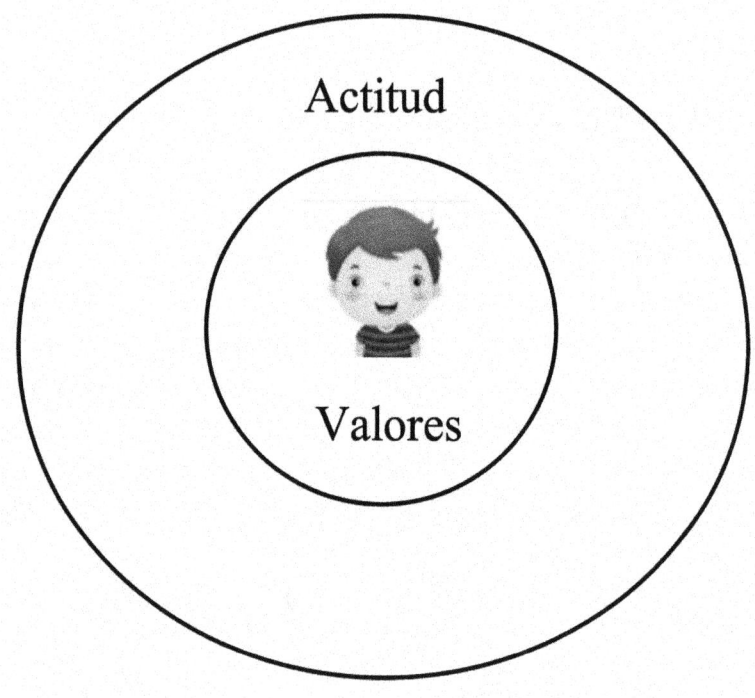

¿Me Daña _____? ¿Daña a otros _____?

Analicemos nuevamente La Biblia para saber cómo nos hacemos daño o dañamos a alguien. Cuando Dios creó al hombre a su imagen y semejanza, únicamente le dio un mandamiento: "NO comas del fruto del árbol del conocimiento de la ciencia del bien y del mal". Cuando comemos del fruto prohibido (al usar en forma destructiva nuestros instintos y al transgredir las leyes) no nos amamos, porque nos hacemos daño y, en nuestra inconsciencia, afectamos a los demás al arrastrarlos hacia esa actitud negativa.

Comer el fruto prohibido es:

- Usar el razonamiento para juzgar y criticar, así como para escarbar el pasado (plagado de penas, culpas, vergüenzas y errores) y buscar seguridad, sensación, poder, éxito y felicidad en el futuro (lo que solo nos causa temor, preocupación, ansiedad y desilusión).

- Ser egoístas (servirnos de los demás en vez de servir a los demás).

- Dejar de utilizar el potencial, los propios talentos, los conocimientos y habilidades personales.

- Ser rutinarios y obstruir la evolución por resistirse al cambio.

- Tener adicciones y dependencias, buscar el placer en vez de disfrutar cada instante de la vida.

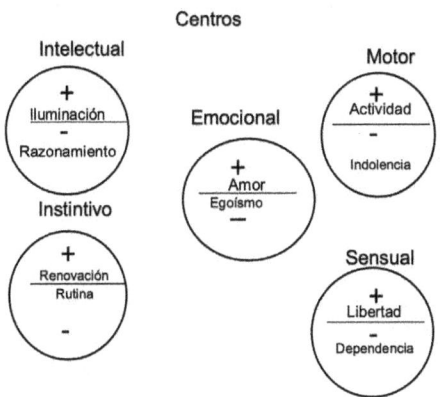

El cargar la energía de nuestros centros hacia el polo negativo es comer del fruto prohibido; cada vez que lo hacemos, abandonamos el paraíso.

Esa es la principal causa de enfermedades, porque, al desperdiciar el único tiempo real de nuestra existencia, **el Aquí y el Ahora**, en ser egoístas, indolentes, rutinarios y dependientes, afectamos nuestro sistema inmunológico. Si aprendemos a vivir únicamente el presente, con amor, con dinamismo, con renovación y con libertad, la salud se restituye automáticamente.

SEXTA REGLA DE SABIDURÍA
AMA A TU PRÓJIMO COMO A TI MISMO

En tu ilusión puedes creerte separado del principio de vida, así como de las personas, seres y cosas que te rodean; pero no es así. En realidad, eres uno con este principio único e indivisible, y con todas las personas, seres y cosas que te rodean, que existen y pueden existir. Aunque en esta misma ilusión la vida se te presente como una lucha necesaria, es únicamente para que aprendas la ley suprema del amor, que es fuerza omnipotente, invencible e indivisible.

Si quieres progresar y tener éxito verdaderamente en todo lo que hagas, debes amar, desear, querer y hacer el bien para los demás, no menos que para ti mismo. Hasta debes amar a los desconocidos, a los que te parecen indignos de tu amor y a los que consideres como enemigos. Entonces, caerá la máscara que esconde su **naturaleza real, bajo una apariencia enteramente ilusoria y engañadora.**

POLARIDAD

Toda forma de energía tiene polos opuestos con diferentes grados de intensidad. La diferencia entre polos de una misma energía es cuestión de grados, por lo que los opuestos pueden conciliarse. Por ejemplo: En el plano físico encontramos que el calor y el frío, así como la luz y la oscuridad, son de naturaleza idéntica, la diferencia es solo cuestión de grados (entre ambos hay muchos grados y cada grado es opuesto a su anterior y a su posterior).

En el plano espiritual, sucede lo mismo: los polos positivo y negativo de los centros se consideran diametralmente opuestos e irreconciliables. Sin embargo, los dos son términos aplicados a los polos de una misma energía. En cualquier punto de la escala, encontramos más positivo y menos negativo, o menos positivo y más negativo, según ascendamos o descendamos dentro de la escala.

Por ello, es posible cambiar de polaridad y, así, transformar lo negativo en positivo, ya que el positivo es más poderoso que el negativo, basta con elevar vibraciones a voluntad. De esa manera, nos hacemos dueños de nuestra vida en vez de ser unos esclavos.

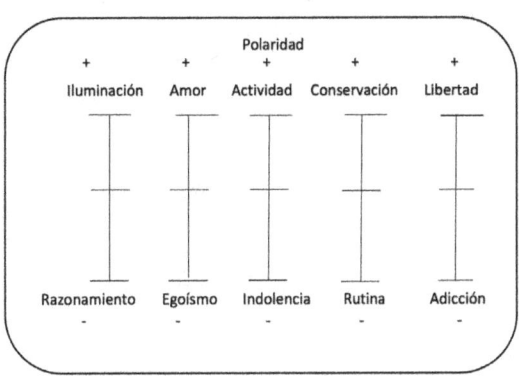

RITMO

En todo lo que existe, se manifiesta una oscilación media, un movimiento de ida y vuelta, de flujo y reflujo, como se aprecia fácilmente con el oleaje. Eso mismo es lo que ocurre con nuestros estados físico, mental y emocional, de acuerdo con su polaridad.

Esa es la razón de los cambios de actitudes, sentimientos y emociones que experimentamos, es lo que conocemos como biorritmo. De acuerdo con este principio, podemos dirigir sus efectos conscientemente, elevando la polaridad de los centros con una actitud mental positiva y llena de amor constante y ascendente (pollyanna).

"Pollyanna" es un delicioso juego en la búsqueda de "algo de qué estar contento" en todo lo negativo que se le presente en la vida. Durante años, esta manera de pensar, "Pollyanna", ha sido censurada como ingenua y poco realista.

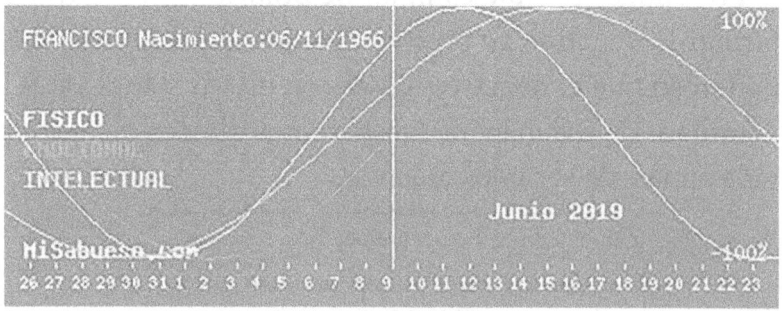

Cada ciclo está compuesto por dos semiciclos, uno positivo y otro negativo, ambos de la misma duración. Los ciclos se encuentran divididos en dos sectores. La parte positiva inicia en cero, incrementa su valor positivo hasta alcanzar un pico y desciende nuevamente hasta cero, y aquí encontramos un punto crítico de cambio, en donde comienza la parte negativa que, al contrario de la positiva, va creciendo nuevamente hasta cero. Aquí encontramos otro punto crítico, con lo cual se completa un periodo completo de ese ciclo.

Los otros dos puntos críticos de cambio los encontramos en las crestas y valles de las curvas, cuando se alcanza un mínimo o un máximo.

En los días que te encuentras en puntos críticos, tus capacidades pueden variar ampliamente, desde muy altas a muy bajas.

Por ejemplo, es posible que hagas brillantes descubrimientos o cometas terribles errores durante los días críticos del ciclo intelectual, igualmente que para los ciclos emocionales y físicos.

Los puntos críticos de cruce los encuentras cuando un ciclo se cruza con otro. Durante estos días, las capacidades tanto positivas, si el cruce está en el semi-ciclo positivo, como negativas, si el cruce está en el semi-ciclo negativo, se potencian.

CICLO EMOCIONAL

Es mejor que no confíes en tus sentimientos en los días emocionalmente críticos, ni actúes en función de ellos. No tomes ninguna decisión importante en estos días o podrías arrepentirte después. En síntesis, piensa muy bien las cosas antes de cualquier decisión en estos días. Si te dedicas a algo creativo; artista, poeta, etc., tus mejores creaciones las harás en los días emocionalmente críticos, aunque también podrían ser los peores.

CICLO FÍSICO

Durante los días críticos de este ciclo, evita cualquier riesgo innecesario y ten especial cuidado en actividades deportivas o que requieran de esfuerzo físico. Es mejor que intentes evitar viajes, operaciones quirúrgicas e, incluso, fiestas.

CICLO INTELECTUAL

Durante los días críticos negativos del ciclo intelectual de tu biorritmo, no esperes tener un gran desempeño intelectual, muy probablemente no lo lograrás. Intenta no tomar cualquier examen esos días. Prefiere la rutina sobre el trabajo intelectual. En los días intelectualmente críticos, el desempeño mental puede ser muy brillante o también puede ser terrible.

CICLOS DE DESARROLLO HUMANO

El ser humano atraviesa por varios ciclos de desarrollo en su vida. El primero es la etapa de gestación física, se inicia con la concepción y tiene un periodo de nueve meses.

El siguiente es el de la niñez, aquí empieza su desarrollo físico con una marcada dependencia hacia sus padres y se caracteriza por el egocentrismo como resultado de su identidad física, además, se inicia la gestación mental que dura aproximadamente once años.

Continúa la pubertad, que es la transición hacia el desarrollo mental. Se caracteriza por la falta de identidad que se proyecta como personalidad. Aquí se inicia la adolescencia y, con ella, la gestación espiritual que dura, aproximadamente, hasta los veintidós años.

Sigue la juventud y, con ella, la identidad y el desarrollo espiritual; la búsqueda de sí mismo y de la verdad.

Aproximadamente, a los treinta y tres años empieza la edad adulta. Ahí, el individuo debe encontrarse a sí mismo y tomar consciencia de identidad con el todo.

El respeto de los diferentes ciclos de vida obedece al mandamiento de no comer del fruto del árbol del conocimiento de la ciencia del bien y del mal, con lo cual el ser humano vive en el paraíso. El problema estriba en que tales ciclos no son respetados a causa del egoísmo, la nostalgia, los remordimientos y los resentimientos de ciclos pasados, que se proyectan al futuro con las grabaciones y creencias que solo producen temor, angustia, y preocupación.

CICLOS DEL DESARROLLO HUMANO

CONCEPCION	NIÑEZ	PUBERTAD	JUVENTUD	EDAD ADULTA
	Nacimiento Físico	Nacimiento Mental	Nacimiento Espiritual	Vida Plena Autoconocimiento
	Desarrollo Físico	Desarrollo Mental	Desarrollo Espiritual	
Gestación Física	Gestación mental	Gestación espiritual	Búsqueda de sí mismo y de la verdad	Cumplimiento de la misión de manera constante
	Dependencia familiar	Dependencia escolar	Independencia	
				Consciencia
	Egocentrismo	Personalidad	Autoconsciencia	de unidad
	Identidad física	Adolescencia	Identidad espiritual	Identidad cósmica
9 meses	11 años	22 años	33 años	Trascendencia

SER EXCELENTE →

Cada cambio de ciclo es una renovación, un renacimiento. A los 33 años, el ser humano llega a la edad adulta. A esa edad, Jesús fue crucificado. Jesús dijo varias veces que era necesario renacer para vivir a plenitud. También dijo: "Deja a tu padre y a tu madre, deja a tu esposa y a tus hijos, toma tu cruz y sígueme" (Mateo 19:29).

Aceptar textualmente esas palabras como dogma nos convertiría en personas irresponsables y masoquistas. En cambio, analizadas desde el punto de vista metafórico, se refieren a la eliminación de las dependencias que nos hemos creado hacia nuestros seres queridos, nuestras diversiones y nuestras posesiones. Es cruzar las líneas que separan cada ciclo de vida. Solo así alcanzamos la tierra prometida que consiste en vivir **¡aquí y ahora!**

La crucifixión de Cristo no significa un sacrificio inútil, sino el sufrimiento que nos causan las dependencias. El cruce del camino sin retorno, entre lo que vamos dejando y lo que sigue, el saber vivir ¡aquí y ahora! La resurrección de Cristo significa renacimiento constante a una nueva vida llena de plenitud.

Cristo nos invita a morir en la cruz, es decir, a liberarnos del pasado, de todas nuestras adicciones y dependencias y a vivir ¡únicamente! El eterno presente. Nos invita a resucitar, a renacer a nueva vida pletórica de fe, de esperanza, de amor, de perdón, de humildad, de desprendimiento, de cooperación, de servicio, de armonía y de felicidad.

PASADO Y FUTURO

Ya vimos que, por estar acostumbrados a utilizar la mente racional, ella nos lleva, indefectiblemente, a buscar en el subconsciente todo aquello que nos afecta (recuerdos positivos o negativos, la esperanza, los temores, las angustias y las preocupaciones).

Todos los recuerdos negativos plagados de errores de omisión y de acción, de grabaciones y creencias negativas que nos han hecho sentirnos inseguros y con complejos de inferioridad, se proyectan a nuestra vida presente y nos llenan de penas, culpas, vergüenza, remordimientos, insatisfacciones, desilusión, frustración, envidia, celos, rencores, estrés y depresión. Así nos proyectamos al futuro y lo vemos con temor, ansiedad y desesperación.

AQUÍ Y AHORA

Alcanzar la vida eterna es saber vivir el presente. El infierno se padece en este mundo al dejar de vivir el aquí y ahora, por querer lo imposible; revivir el pasado muerto con añoranzas, remordimientos y resentimientos, o imaginar un futuro inexistente con temor a lo que pueda venir o buscando en él éxito y felicidad.

Si queremos ser excelentes y vivir a plenitud, debemos ubicarnos en el aquí y el ahora. El presente es la única etapa que estamos viviendo, por ello, debemos olvidar definitivamente el pasado y dejar de pensar en el futuro; no existen. Es imposible regresar al pasado para cambiarlo y no sabemos si vendrá o no el futuro para cada uno de nosotros. Lo único real es el presente, si lo desperdiciamos, será un motivo más para lamentarnos y arrepentirnos.

Cuenta Anthony de Mello [sacerdote jesuita y psicoanalista] que un individuo condenado a muerte se escapa y, como lo persiguen de cerca, sube a un árbol que cuelga sobre un precipicio.

Abajo, lo esperan sus captores, de modo que no tiene escapatoria. De pronto, descubre que el árbol en que se encuentra es un manzano cargado de frutos, por lo que empieza a cortar y saborear las manzanas que están a su alcance. Eso es saber vivir el presente sin proyectar el pasado en el futuro (De Mello, 2002).

Nuestra meta en la vida debe de consistir en ser felices, en tener éxito, en ser excelentes, en disfrutar la vida, no a futuro, ¡ahora! Para lograrlo, es preciso enfrentarnos a nuestros errores para aprender de ellos y olvidarlos; vivir el presente con paz, armonía, activo y llenos de amor incondicional. Lo cual se traducirá, para nosotros, en abundancia, éxito, excelencia, salud y plenitud de vida.

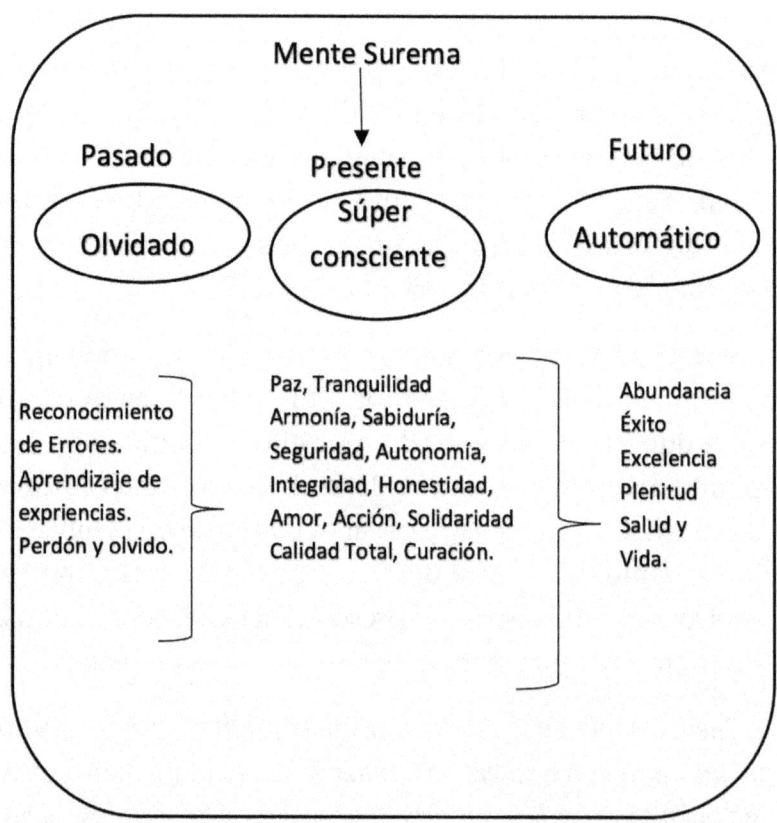

Al ubicarnos en el aquí y el ahora, automáticamente abrimos la puerta del súper consciente. Con ello nos llenamos de amor hacia nosotros y hacia los demás. La energía cósmica ilumina nuestro entendimiento y fortifica nuestra voluntad para actuar positivamente aquí y ahora y, así, manifestar a la Mente Suprema.

La Mente Suprema nos llena de paz, armonía y felicidad; nos libera de temores, angustias y preocupaciones; nos restituye la salud; y nos da todo cuanto realmente necesitamos a tiempo y en abundancia.

	NECESIDADES			PRIMARIAS	
Esencial	Sustanciales			Materiales	
Espiritual	Emocional	Moral	Mental	Física	Económica
Verdad	Amor	Armonía	Cordura	Salud	Abundancia
Dios YO Luz (Cristo) Vida +	Humildad Servicio Optimismo Esperanza Cooperación Solidaridad Desprendimiento Entusiasmo Comprensión Libertad Relaciones humanas	Aquí y Ahora Paciencia Tranquilidad Confianza Respeto a la ley	Sabiduría Consciencia Inteligencia Voluntad Talentos Habilidades Actividad Decisión Responsabilidad	Cuerpo sano Uso adecuado del instinto de conservación y del sistema inmunológico	Utilización y disfrute de lo que se tiene aquí y ahora.
Energía	Actitudes		Creación		Resultado
Ilusorio	Egoísmo	Caos	Locura	Enfermedad	Pobreza
Cuerpo Materia 5 sentidos Tiempo Ego Personalidad Vanidad Oscuridad Muerte —	Guía Pereza Lujuria Soberbia Avaricia Ira Envidia Temor Pesimismo Dependencia Conflictos Competencia	Pasado-futuro. Críticas Juicios Culpas Rencores Remordimientos Resentimientos Odio Venganza Ansiedad Agitación Transgresión a la Ley	Grabaciones Creencias Ignorancia Depresión Neurosis Histeria Locura Paranoia Inconsciencia Desidia Resistencia al cambio	Uso inadecuado y uso de los instintos, de las emociones y de las pasiones presiones y esfuerzos.	Miseria Dejar de usar y disfrutar lo que se tiene por temor a perderlo, o por desear más.

EXCELENCIA CALIDAD TOTAL. LECCIÓN 7

EL OBJETIVO DE NUESTRA VIDA NO ES SUPERAR A LOS DEMÁS, SINO SUPERARNOS A NOSOTROS MISMOS

PRODUCTIVIDAD

Dice Amado Nervo que cada hombre, al nacer, es como un cheque en blanco girado por Dios a cargo de un banco que tiene fondos ilimitados, y que, por excelsa decisión, se nos ha dejado a cada uno en perfecta libertad de llenarlo con la cifra que queramos.

El banco, que es la vida, paga con la misma felicidad mil, cien mil, un millón o mil millones de pesos, todo depende de la cantidad que queramos que se nos pague. A pesar de ello, hay muchas personas que se contentan con llenar ese cheque en blanco (que es su propia vida) con pensamientos frívolos que apenas representan unos cuantos centavos.

Albert Einstein, el gran científico y filósofo del siglo pasado, nos dice: "Para triunfar, es preciso tener una mente abierta y serena que nos ayude a generar ideas productivas. Las presiones y los esfuerzos merman la capacidad.

Inhiben la creatividad, producen estrés y provocan enfermedad. Lo que es verdadero valor es el individuo que produce, que siente, que solo origina lo noble, lo sublime; por eso son despreciables las metas humanas banales de lucha, posesión, éxitos externos y lujos".

ENTUSIASMO

Lo más importante en cada una de nuestras actividades cotidianas es que siempre seamos decididos y persistentes, con una fe inquebrantable en nosotros mismos y un entusiasmo a toda prueba. Mantener el **DESEO ARDIENTE**.

El entusiasmo es la condición por la cual una persona adquiere la convicción de su grandeza, eso genera sinceridad, junto con el espíritu con que presenta sus ideas y todo en su manera de ser inspira confianza. Para la persona entusiasta no hay nada imposible, su gran optimismo reduce toda oposición que salga a su encuentro. El entusiasmo no es solo una manifestación exterior, sino que sale de lo más profundo de nuestro ser. El entusiasmo se demuestra con sinceridad tranquila y convincente, es simplemente el resultado de una fe ilimitada en Dios, en sí mismo y en la humanidad.

SÉPTIMA REGLA DE SABIDURÍA
USA TUS TALENTOS, CÁLLATE Y OBRA

Todo lo que tienes, espiritual y material, te ha sido dado para el uso mejor y más provechoso que puedas hacer de ello. Usa, pues, tus facultades y tus bienes como mejor puedas, y de esta manera, se te multiplicarán en vez de perderlas. NO hables más de lo necesario y, sobre todo, evita la indiscreción sobre tus cosas íntimas o asuntos personales y sobre cualquier cosa que te haya sido confiada, el silencio es condición necesaria para el mejor éxito de todo lo que emprendas.

Nunca quedes inactivo, siempre hay algo que puedas hacer y que será de alguna utilidad en sí. Hazlo con amor, considérate como obrero de la inteligencia creadora, de la cual eres expresión y con la cual tienes el privilegio de cooperar para su perfecta manifestación.

COMPETENCIA

Constantemente oímos decir: "Si tuviera tal cosa o tal cantidad de dinero", o "Si pudiera hacer determinado viaje o vivir en tal parte", o "Si determinada persona estuviera conmigo, sería feliz". Eso es engañarse, porque la felicidad o infelicidad es un estado mental que escogemos a voluntad. La felicidad se gana cuando usamos y disfrutamos lo que tenemos aquí y ahora.

También escuchamos con frecuencia: "Sí pudiera hablar, correr, saltar, cantar, bailar, pensar como fulano o mengana", o, lo que es lo mismo, "Si tuviera la habilidad de alguien más ¿qué no haría?" La verdad es que no haría ni siquiera las tareas más simples si usara la habilidad de otro, cuando actualmente no usa la habilidad propia con la que ya cuenta.

No debemos compararnos con los demás, sino aceptarnos tal como somos. Cuando nos sentimos inferiores es porque nos comparamos con alguien diferente, ya que no hay dos individuos que sean iguales.

La verdad es que nadie es inferior ni superior a sus semejantes, cada persona es como ha escogido ser y eso es todo. Dios hizo a cada quien un individuo único, incomparable e inimitable. Esa es la grandeza de nuestro propio ser. Por eso, es fundamental comenzar a cambiar; iniciar la transformación de entes pasivos en seres activos, dinámicos, positivos. Para crecer, es necesario dejar de ser críticos de los demás. No se trata de competir con ellos, sino de enfocar ese vano esfuerzo en nuestra superación. Todos somos iguales en cuanto a capacidad de superación, pero diferentes respecto a la forma en que cada quien dirige y utiliza su capacidad, su inteligencia y sus habilidades para sortear la infinidad de circunstancias, problemas y oportunidades que se nos presentan constantemente en cada etapa de nuestra vida.

En todas las actividades, la competencia ha sido parte de la cultura del enfrentamiento del hombre con el hombre, entre naciones, empresas, clases, grupos e individuos.

La competencia tiene como resultado la ambición y el anhelo de poder, sus características son la envidia, el egoísmo y el desamor: fuerzas destructivas, productoras de inseguridad, temor, desconfianza, enfermedad y muerte en vida. Por esa razón. se dice de quienes padecen de esas dependencias: "Son tan pobres que lo único que pueden llegar a tener es dinero".

La envidia consiste en desear lo que tienen o logran los demás. La envidia se elimina cuando aprendemos que, si debemos ser superiores a alguien, ese alguien somos nosotros mismos. Nuestras capacidades no son mayores o menores que las ajenas, son diferentes, porque los intereses de desarrollo son distintos.

Lao Tsé dijo: *El hombre sabio abraza la unidad y sirve de ejemplo al mundo. No pretende lucir por sí mismo y alcanza la iluminación. Él mismo no pretende ser nadie, y brilla. No se vanagloria, por eso acaba sus obras. No da importancia a su persona y otros la realzan. Porque nadie en el mundo rivaliza con quien no compite* (Kopp 2018).

De acuerdo con Confucio, el hombre sabio hace bien lo que tiene que hacer, no por lucro, ni por gloria, ni por ostentación, ni por egoísmo, sino para realizarse como ser humano a través del servicio.

Quien piensa que la acumulación de dinero y de posesiones proporciona felicidad y seguridad, se vuelve dependiente, al considerar que nunca tiene lo suficiente vive en constante angustia, siempre desea más y más, nunca queda satisfecho y teme perder o disminuir su riqueza. No es rico quien más tiene, sino quien menos necesita; **lo mucho se convierte en nada con solo desear un poco más.**

La única forma de lograr la seguridad económica es vivir con intensidad el presente, servir con amor a la humanidad y a la prosperidad y realizar nuestra tarea inmediata con amor, alegría, gusto y optimismo; que se convierta en un proceso continuo e ilimitado, en un objetivo que jamás se termine de realizar, que nunca concluya, porque siempre habrá más qué hacer por superarnos y por servir a los demás.

EXCELENCIA

La excelencia se refiere a la constante superación de cada uno de los tres aspectos que integran nuestra vida cotidiana en un todo: nuestra actitud hacia nosotros mismos, nuestra actitud hacia los demás y nuestra actitud hacia lo que emprendemos.

De los tres aspectos, la actitud hacia nosotros mismos es la raíz, el elemento fundamental de nuestras vidas. Lo es porque de nuestra actitud hacia nosotros mismos depende nuestra actitud hacia los demás y hacia lo que emprendemos.

Si nuestra actitud hacia nosotros mismos es excelente, nuestra actitud hacia los demás será igual. Dice Bernard Shaw que "el interés del hombre por el mundo es solamente el reflejo del interés por sí mismo". De la misma manera, el interés por nosotros mismos. Cuando nuestras relaciones con los demás son deficientes, quiere decir que nuestra actitud hacia nosotros es deficiente. En cambio, si nuestra actitud hacia nosotros es excelente, veremos el mundo desde la excelencia y desde la excelencia nuestras relaciones nos encaminan a la excelencia y son excelentes.

La actitud hacia nosotros mismos determina la magnitud de nuestras empresas y su éxito. Si no nos amamos, si nos despreciamos, si la opinión de nosotros mismos es negativa, si la actitud hacia nosotros es negativa, nuestras empresas serán mediocres y estarán condenadas al fracaso, porque, al no tener interés en ellas, opondremos infinidad de obstáculos.

La excelencia está infinitamente ligada con el amor a uno mismo y a toda la humanidad. Para vivir en la excelencia, es preciso dedicar tiempo diario suficiente para meditar, estudiar, capacitarnos y cumplir nuestra misión en cada una de nuestras actividades.

Cuenta Anthony de Mello que una señora, alguna vez, soñó que entraba en una tienda recién inaugurada en un gran centro comercial. Adentro descubrió que Dios atendía tras el mostrador. Una vez recuperada de su asombro, le preguntó "¿Tú que haces aquí?". "Sirvo", respondió Dios con toda naturalidad. La señora quedó pasmada con esta respuesta y tardó mucho en poder hablar de nuevo: " Y ¿Qué ofreces, Señor?", "Todo lo que tu corazón desee", contestó Dios. Asombrada por lo que acababa de escuchar, la mujer se decidió a pedir lo mejor que un ser humano podía desear: "Quiero paz, amor, felicidad, salud, riqueza, sabiduría y ausencia de todo tipo de angustias, preocupaciones y temores. No solo para mí, sino para todo el mundo". Dios le miró con una dulce sonrisa y dijo: "Creo que no me has comprendido, querida. Aquí no tenemos frutos, únicamente tenemos semillas". (De Mello, 2002)

Así pues, ser excelentes es saber escoger esas semillas, es saberlas sembrar y saberlas cuidar hasta que los frutos estén listos para ser cosechados. Las semillas están en nosotros y, también dentro de nosotros, está la tierra fértil en donde podemos sembrarlas.

Las semillas son nuestra capacidad de superación, germinan cuando le damos calidad a cada uno de nuestros pensamientos, cuando le damos calidad a nuestras acciones, cuando le damos calidad a nuestras relaciones y demás aspectos de la vida cotidiana.

Dentro de cada uno de nosotros está la capacidad latente de disfrutar y manifestar todo lo que la vida ha creado para nosotros y, así, **ser excelentes.**

Ser excelentes: Es educar la mente al crear nuevos y positivos pensamientos. Ser excelentes es aceptarnos a nosotros mismos tal como somos. Ser excelentes es liberarnos de angustias, de enfermedades, de prejuicios, de culpas, de complejos, de amarguras, de ansiedades, de limitaciones, de temores, de dudas, de preocupaciones, de insatisfacciones, de dolor físico, mental y emocional.

Ser excelentes: es estar conscientes de que valemos y, por tanto, de que merecemos y tenemos derecho a todo por ser hijos de Dios.

Ser excelentes: es ser positivos y entusiastas; ser excelentes es ver, creer, sentir, y crear en todo lo existente un buen pensamiento. Ser excelentes es buscar en todo y en todos, pero, sobre todo, en nosotros mismos, buenas cualidades. Ser excelentes es erradicar tajantemente el temor, la duda y la preocupación. Ser excelentes es usar solo palabras positivas, constructivas, y armoniosas, para crear estabilidad emocional, salud perfecta, éxito y realización. Ser excelentes es tener fe en nuestro poder mágico mental.

Ser excelentes: es agradecer al Padre por nuestra nueva realidad.

EL ÉXITO

Es un proceso continuo que hace perfecta la aparentemente imperfecta naturaleza del hombre. A través de la vida, se mueve constantemente en dirección hacia un objetivo ideal, más nunca podrá alcanzarlo, porque el ser humano no es un sujeto estático, sino dinámico; jamás logra formarse por completo, siempre está en estado de desarrollo.

El hombre de éxito es auto disciplinado, toma sus propias decisiones, dedica cada minuto de la vida a hacerse más eficiente, sin presionarse ni esforzarse, siempre busca la manera de mejorar lo que hace.

El hombre mediocre encuentra la oportunidad, piensa y, cuando decide actuar, ya pasó el momento; ya que el hombre de éxito encuentra la oportunidad, actúa y después piensa. El hombre mediocre encuentra dificultades en todas las oportunidades.

Para alcanzar el éxito es necesario empeñarnos en realizar con alegría y entusiasmo todo lo que tenemos que hacer, en el momento preciso en que lo tenemos que hacer y tan bien hecho como lo debemos hacer.

Soñar con la felicidad no nos da la felicidad; hay que ser felices siempre.

Soñar con el éxito no produce éxito; hay que vivirlo actualmente. No debemos pretender la excelencia, seamos excelentes ahora.

El éxito solo se logra viviendo plenamente. ¿Pero, cómo sabremos que lo alcanzamos? Cuando nuestra superación sea constante, cuando disfrutemos al máximo los placeres que minuto a minuto nos brinda la vida y cuando cada una de nuestras obras sea un modelo a seguir por tener calidad total. Éxito y realización implican el privilegio de ser creadores de nuestra propia historia, de ser los dueños de nuestra propia vida.

Hay un cuento que puede ilustrar perfectamente la visión equivocada del camino a un éxito mal comprendido en contraposición con el autoconocimiento como el verdadero camino a la realización personal:

Eran dos gusanitos muy amigos que siempre jugaban juntos, uno se llamaba Pinito y, el otro, Rayita. Desde donde siempre jugaban, se veían unas montañas que llamaban su atención. Un día, decidieron ir a ver lo que había y emprendieron la marcha; cuando llegaron, vieron que muchos gusanitos se golpeaban, se empujaban y se pisoteaban intentando subir.

Al ver esto, preguntaron a un gusanito qué hacían. "Tratamos de subir porque en la cumbre está lo máximo", respondió. Los dos amigos decidieron intentarlo también y comenzaron a escalar, para ello, tiraban a los de arriba y pisaban a los de abajo, pero al cabo de un rato, Pintito se aburrió; "Ya vámonos, rayita, este juego no me gusta", "No", dijo rayita, "yo quiero llegar a la cumbre para alcanzar el éxito". Entonces, Pintito decidió irse. Pintito se quedó muy triste al sentirse solo. Un día, estaba debajo del árbol en el que siempre jugaba con su amigo, cuando llegó un gusanito. Este se trepó en el árbol y, con una sustancia que el mismo producía, comenzó a envolverse a sí mismo, hasta que se transformó en algo parecido a un fruto que colgaba de una rama. Después de un tiempo, el capullo se rompió y de él salió una mariposa; al verla, Pintito quedó sorprendido.

"¿Tú quién eres?", pregunto. "Yo era el gusanito que trepó en el árbol, ahora soy una mariposa, soy libre porque puedo volar e ir a donde quiera".

Pintito la vio revolotear de aquí para allá y, finalmente, preguntó de nuevo: "¿Yo puedo hacer lo mismo?". "Claro que puedes", respondió la mariposa, "lo único que tienes que hacer es subir al árbol y encerrarte en ti mismo". Así lo hizo Pintito y, después de un tiempo, se transformó en mariposa.

Emprendió el vuelo y se fue a buscar a su amigo Rayita, lo encontró en la montaña intentando subir. "Rayita", lo llamó, "Soy yo, Pintito". Cuando Rayita lo vio, no creyó que fuera su amigo: "Tú no eres Pintito", le dijo, asombrado, "¿Quién eres?". Pintito respondió: "Sí soy Pintito, me convertí en mariposa", "No", dijo Rayita. Luego, Pintito añadió: "vente conmigo, tú también puedes ser mariposa". "No", dijo Rayita, "yo seguiré intentando subir". "Pero si te haces mariposa podrás llegar más alto, mira, desde aquí lo puedo ver todo, en la cumbre no hay nada que valga la pena. Vamos, vente, podrás volar". "No", repitió Rayita, "tú estás loco, yo me quedo aquí para conquistar la cima". Pintito, lleno de amor, sintió comprensión por Rayita y se alejó para continuar disfrutando de su libertad.

ALTA CONSCIENCIA. LECCIÓN 8

"SOLO EL AMOR NOS HACE LIBRES"

OCTAVA REGLA DE SABIDURÍA
SÉ OPTIMISTA

El optimismo, el contento y la alegría, son expresión natural de la luz que brilla en ti, que es la Fuente de todo Bien. Haz que en tu cara siempre resplandezca esa luz y que nada tenga el poder de turbarte o impresionarte; pues no son las cosas en sí mismas las que tienen valor, sino, más bien, cómo las vemos y enfrentamos, y lo que nosotros mismos hacemos en esas circunstancias. Además, nuestra visión interior y el modo en como encaramos las cosas, personas y situaciones, tienen un poder determinante y decisivo sobre las mismas.

No hay nada, efectivamente, que esté determinado en lo absoluto, y todo depende, para su desarrollo final y definitivo, de nuestra propia elección interna. Considera toda cosa y situación como buena, llámala Bien y tal se hará para ti.

LA OFENSA

NO debemos dejarnos arrastrar por el rencor y el remordimiento; esto representa una pérdida continua de fuerzas debido a hechos pasados. Si cometimos errores, aprendamos de ellos para usarlos como experiencias que nos ayuden a crecer. Si nos hemos sentido lastimados y ofendidos, perdonemos y olvidemos, ya que el rencor no daña al ofensor; pero, a quien lo experimenta, lo destruye.

La ofensa es solo la interpretación de las opiniones negativas que, de nosotros, tienen los demás. Quien se conoce, tiene plena confianza y seguridad en sí mismo y siempre actúa en forma auténtica, por lo tanto, no le teme ni se deja afectar por ella.

El ofendernos solo depende de nuestras creencias y de nuestro estado de ánimo que nos produce emociones negativas. Si aceptamos el insulto, les otorgamos la razón. Cuando sabemos que somos una maravilla, no tenemos por qué creer lo que nos dicen y, mucho menos, sentirnos indignados por opiniones ajenas que no compartimos. Quien trata de ofender, se rebaja; pero, quien se da por ofendido, se devalúa. Cuando la ofensa consiste en agresión física, el dolor que nos causa dura tiempo limitado; sin embargo, el dolor emocional, por el rencor que guardamos, podría durar toda la vida. Esa energía no afecta a quien nos agravió, pero a nosotros nos destruye. Si somos susceptibles y nos dejamos afectar por las ofensas, el rechazo, la vergüenza, el insulto y la agresión, estamos sujetos a la voluntad, a las emociones y a los actos de los demás; nada ni nadie puede hacernos sentir mal sin nuestro consentimiento. El mejor remedio para no sentirnos avergonzados ni lastimados por insultos, rechazos, humillaciones, agravios y agresiones, es el amor y respeto hacia nosotros mismos, y el perdón al agresor, lo cual nos hace invulnerables.

EL PERDÓN

El perdón, como parte integral del amor, es característica de la excelencia que nos libera del bloqueo que nos causan los odios, rencores, remordimientos y resentimientos.

Perdonar es borrar de la mente toda sensación de amargura, de rencor y de venganza, que son energías destructivas. Perdonar es olvidar los agravios, reconciliarnos y dejar de pensar en algo que solo nos causa dolor. Al perdonar, nos liberamos de la energía negativa que generamos con el remordimiento y el resentimiento; por eso, ya sea que lo merezcan o no, nos lo agradezcan o no, nos perdonen o no, debemos perdonar a todos y a todo incondicionalmente, esto si queremos vivir en paz y armonía con nosotros mismos, con nuestros semejantes y con el universo.

Pero como no podemos perdonar a nadie si no somos capaces de perdonarnos a nosotros mismos, debemos empezar por aceptar nuestros errores, perdonarnos por ellos y pedir perdón si agraviamos a alguien. El dominar nuestro orgullo y pedir perdón nos enaltece y manifiesta nuestra excelencia. El que pide perdón se engrandece; el que lo otorga, se libera. Debemos perdonarnos por todas las culpas que nos hemos creado durante toda la vida y que tenemos grabadas en el subconsciente, sin darnos cuenta;

perdonémonos, también, por haber aceptado ofensas, por habernos molestado, por nuestras enfermedades, castigos, golpes, insultos y sufrimientos.

Vamos a hacernos el propósito firme de no volver a criticar, ni a odiar, ni a culpar, ni a juzgarnos, a nosotros mismos, a nuestros semejantes, a las cosas, a las circunstancias, a Dios, así como de no volver a tener remordimientos, recelos ni resentimientos. Al sentir los efectos del perdón absoluto, un nuevo universo de amor, de paz, de tranquilidad, de felicidad y de excelencia se abrirá ante nosotros.

DEPENDENCIAS

Ya vimos que Dios es esa energía pura, infinita y eterna que conocemos como amor. También vimos que cuando alguien siente que le falta esa energía, es por su ignorancia o falta de Dios. Al tratar de obtener esa energía a través de la ambición, de los placeres externos y del poder sobre los demás, se vuelve dependiente y egoísta. Esa actitud es la principal causa de nuestros sufrimientos que vienen por deseos o necesidades insatisfechos y por temor a perder lo que tenemos, por desear lo que no tenemos, por envidiar lo que otros tienen, por dependencias externas: de nuestras posesiones, de la aprobación de los demás, del amor de alguien en particular, del estado del tiempo, de los patrones de conducta de otras personas, de la atención de los servicios burocráticos, de los resultados deportivos, de la política, de la forma de pensar y actuar de nuestros familiares más allegados, de nuestros amigos y hasta de personas desconocidas.

Al respecto, los deseos y las dependencias constituyen la base del egoísmo, y el egoísmo es la raíz de la desarmonía, el elemento fundamental de todos los sufrimientos. Para armonizarnos y vivir en plenitud, es preciso eliminar los deseos, anular las dependencias de personas, de bienes materiales, de circunstancias, y vivir de acuerdo con nuestra propia autoestima y descartar la dependencia de la aprobación ajena. Para vivir plenamente, es preciso eliminar toda clase de dependencias; especialmente del estado, la patria, las amistades y la familia.

Entre las dependencias que más nos afectan, están las de los padres, hijos y pareja. Nos atormentamos al querer cambiar a nuestra pareja, lamentamos que nuestros padres no sean como quisiéramos, y reñimos a nuestros hijos por pensar y actuar diferente a nosotros. Nos creemos dueños de la razón y pensamos que quien no está de acuerdo con nosotros está equivocado. Tratamos de convertir el amor filial en obligación, pues ignoramos que el verdadero amor se basa en la libertad. Cada persona es libre de pensar y actuar según sus propias creencias y programaciones. Ninguna persona es dueña ni pertenece a otra.

NIVELES DE CONSCIENCIA

La dependencia mental que el hombre ha puesto en todos los satisfactores superfluos es la causa de la infelicidad. Esto le hace vivir en niveles inferiores de consciencia, caracterizados por el temor, la angustia y la separabilidad. Existen diferentes niveles de consciencia, los tres primeros generan en nosotros dependencias, por lo que deben ser eliminados.

En él, buscamos un apoyo material, generalmente económico, que nos permita vivir sin preocupaciones, pensamos con temor en la llegada de una época de inactividad en nuestra vida, así como de no dejar desamparados nuestros hijos, con lo cual los limitamos y los hacemos dependientes. Cuando nos ubicamos en este nivel, estamos temerosos de perder trabajo, dinero, comodidades y bienes; dejamos de disfrutar el presente, nos abstenemos de satisfacciones por ahorrar en aras de la incertidumbre del futuro. La preocupación y la intranquilidad están siempre presentes en nuestra vida por falta de confianza en nosotros mismos, y eso nos impide tener paz. Armonía, tranquilidad y felicidad.

Cuando nos ubicamos en el **nivel de la sensación**, dependemos, para sentirnos bien, de estímulos internos, reconocimientos, sensualidad, diversiones, determinado tipo y cantidad de comidas y bebidas, estado del tiempo y todo lo que representa placer. Cuando las personas o circunstancias no proporcionan los estímulos esperados, nos invade el mal humor y la desestabilización emocional; nuestra vida se vuelve una tragedia.

Cuando nos encontramos en el **nivel del poder**, somos víctimas, consciente o inconscientemente, del complejo de inferioridad. Paradójicamente, queremos demostrar, a nosotros y a los demás, nuestra superioridad con actitudes autoritarias, impositivas, intransigentes, dictatoriales y represivas. No importa sobre quienes pasemos, con tal de conseguir nuestros propósitos. Cuando nos ubicamos en este nivel, nuestra voluntad, criterio y opinión es lo único que cuenta; nuestro comportamiento es agresivo y despótico si se nos contradice, desobedece, no nos da gusto o no nos toma en cuenta. Ante la sociedad o ante las personas con quienes queremos quedar bien, generalmente nos tornamos amables y hasta sumisos. El mal carácter y la hipocresía nos mantiene en un estado emocional negativo que, al afectar nuestra salud y tranquilidad, desestabiliza nuestra armonía.

En estos tres niveles nos dejamos dominar por el orgullo y la soberbia. Utilizamos a las personas como cosas y nos hacemos dependientes y temerosos. **Para ascender a los niveles de alta consciencia, es preciso practicar la humildad**; con ello erradicamos tajantemente el Ego y la falsa personalidad.

En el **nivel del Amor** actuamos con la consciencia de Dios en nosotros, eso nos proporciona auténtica seguridad en todos los aspectos de la vida; disfrutamos todos los acontecimientos que nos ofrece la vida a cada instante y hacemos uso del infinito poder creativo de la mente. Al ubicarnos en este nivel, nos damos cuenta de que las personas son seres humanos, tan perfectos y evolucionados como nosotros. Disfrutamos más la vida con auténtica libertad y pasamos automáticamente al nivel de la abundancia.

Cuando ubicamos la consciencia en el **nivel de la abundancia**, experimentamos la inagotable fuente de la vida y descubrimos que siempre hemos vivido en un mundo perfecto. En la medida en que reprogramemos nuestras dependencias, percibiremos el mundo como un gigantesco cuerno de la abundancia que nos brindará, aquí y ahora, más de lo que necesitamos para ser felices.

Al ascender al **nivel de autoconsciencia,** seremos conscientes de las capacidades de nuestra mente y nuestro cuerpo, y evaluaremos objetivamente su funcionamiento. Desde este maravilloso nivel, podremos observar nuestras actuaciones sociales y familiares, así como los acontecimientos de la vida diaria, desde una posición libre de temor y vulnerabilidad.

Al llegar al **nivel de la consciencia de unidad**, estaremos listos para trascender la autoconsciencia y llegar a ser **consciencia** con la plena manifestación de todas nuestras potencialidades. **En este supremo nivel, somos uno con todo, Amor, Paz, Belleza, Sabiduría, Claridad, Efectividad, y Unidad.** Dejaremos de ser como la gota de mar que se separa en la arena, para integrarnos el océano. Al ascender por los niveles de amor, de la abundancia, de autoconsciencia y de la consciencia de unidad, llegaremos a la plenitud de la vida.

Podemos usar la misma energía que creó nuestras carencias, escasez, inseguridad y soledad, para crear abundancia, seguridad, compañía, armonía, salud y felicidad.

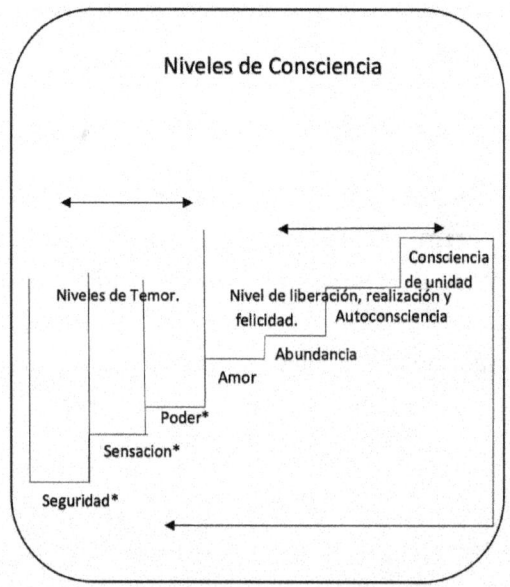

*En estos niveles domina el temor y la angustia por no tener, por no estar y por no ser, dominan los complejos de separabilidad, inferioridad, culpa y temor.

Para poder detectar y erradicar dependencias y programaciones mentales erróneas que nos impiden avanzar a niveles de consciencia más gratificantes, es necesario empezar a reprogramarnos y así liberarnos del sufrimiento emocional que nos invade al dejarnos dominar por nuestros mecanismos de respuesta instantánea de defensa.

Es fundamental estar conscientes, en todo momento, de cuál nivel de consciencia estamos experimentando; analizar, estudiar y establecer la relación que se presenta entre nuestras dependencias y la angustia que nos ocasionan en la situaciones comunes de nuestra vida.

AMOR. LECCIÓN 9

"AMAOS LOS UNOS A LOS OTROS" (JUAN 13:34-35)

NOVENA REGLA DE SABIDURÍA
AMA A TU PRÓJIMO COMO A TI MISMO

En tu ilusión, puedes creerte separado del principio de vida, así como de las personas, seres y cosas que te rodean; pero no es así. En realidad, eres uno con este principio único e indivisible y, con todas las personas, seres y cosas que te rodean, que existen y pueden existir. Aunque, en esta misma ilusión, la vida se te presente como una lucha necesaria, es únicamente para que aprendas la ley suprema del amor, que es fuerza omnipotente e invencible e indivisible.

Si quieres progresar y tener éxito verdaderamente en todo lo que hagas, debes de amar, desear, querer y hacer el bien para los demás, no menos que para ti mismo. Hasta debes amar a los desconocidos, a los que te parecen indignos de tu amor y a los que consideres como enemigos. Entonces, caerá la máscara que esconde su naturaleza real bajo una experiencia enteramente ilusoria y engañadora.

Los seres humanos somos como los tempanos de hielo que parecen flotar individualmente sobre la superficie del mar, pero, en realidad, esos témpanos de hielo forman una sola unidad sumergida en el fondo del océano. De la misma manera, la humanidad, en el exterior, aparenta estar formada por seres humanos individuales. Sin embargo, todos somos una sola energía; un solo ser eterno, inmortal e infinito, en esencia, presencia y potencia.

EL AMOR

Es esa energía suprema, infinita y eterna que da vida a todo, y que llamamos Dios. Dios es amor y su obra es de armonía. Amor es la consciencia de que Dios es siempre en nosotros, en cada célula de nuestro cuerpo, en cada parte de nuestro ser. Amor es la energía que creó el universo y se hizo hombre a través de nosotros, es decir, de su creación máxima en la tierra.

No es fortuito que Jesús de Nazaret ¡Cristo! Nos haya dado un solo mandamiento: "Amaos los unos a los otros como yo os he amado" (Juan 15:12). Porque, al amar, nos llenamos de amor, y el amor es la consciencia de nuestra realidad divina. El amor es fuente de felicidad. Amor es sabiduría creadora, es el ser supremo en esencia; es el don más preciado del ser humano; es la energía más poderosa del universo y nada se le puede resistir. El amor une, restablece, fortalece y solidifica todo lo que se le pone en contacto.

ESQUEMA DEL "YO" INTERIOR

El Amor nos permite funcionar en armonía perfecta con la creación, produce en nosotros la paz interna que es luz que se vive y se manifiesta, irradia luminosidad en nuestro rostro y permite que el alma sonría a través de los ojos. La paz interna nutre de gozo el corazón y produce entera felicidad. Todas las emociones de amor son creativas, proveedoras de felicidad y fuente de vida. La fuerza más poderosa es un pensamiento lleno de amor, porque el amor es donación que sale del alma.

El amor que brindamos multiplica nuestra energía, nos armoniza con la creación, tranquiliza y equilibra nuestros sentidos y activa las facultades de la mente; neutraliza y cambia todas nuestras creencias negativas. El amor es el hálito de nuestra alma, por eso, quien no ama, es como si estuviera muerto. Para amar, debemos empezar por amarnos a nosotros mismos, por reconocer todas nuestras cualidades, todas nuestras virtudes, todos nuestros aspectos positivos, reconocer la responsabilidad personal de nuestra vida y proponernos cambiar todas aquellas actitudes que nos impiden ser felices.

Vamos a amar a nuestro cuerpo, a reconocerlo, primero, exteriormente. Vamos a aceptarnos y a gustarnos nosotros mismos, tal como somos, sin envidiar el aspecto de ninguna otra persona, ni querer ser diferentes. Debemos comprender que, si el universo es hermoso y la naturaleza nos brinda belleza en todas las formas, entonces, el aspecto físico del ser humano, puesto que es Creación Suprema, solo puede ser belleza suprema. Vamos a reconocer las maravillas internas de todo nuestro organismo; el milagro de nuestros cinco sentidos, que nos permiten apreciar todo cuanto nos rodea.

EJERCICIO

Reconoce y Explora tu propio cuerpo.

Vamos a amar nuestra mente con su poder infinito. Amemos todo lo que somos, nuestra realidad espiritual, la manifestación viviente del Ser Supremo. Hay que aprender a repetir constantemente estas palabras:

"Yo me amo, Yo me bendigo, Yo soy el único responsable de Todo cuanto soy y cuanto poseo".

Si nos llenamos de amor nosotros mismos, nos capacitamos para derramar nuestro amor a nuestra familia, parientes, amigos, conocidos y desconocidos, a los buenos y a los que consideramos como malos, a los ricos y a los pobres, a los sabios y a los ignorantes, a toda la humanidad de todos los tiempos pasados, presentes y futuros. Entonces, seremos capaces de amar a toda la creación. Eso significa **Amar a Dios sobre todas las Cosas.**

El tener, sentir y dar amor sin condición alguna, nos proporciona paz y tranquilidad, nos brinda felicidad y nos beneficia en todos los aspectos. Ese amor nos será devuelto en abundancia ilimitada. Si aprendemos a vivir con amor, lograremos la plenitud de la vida ¡Aquí y Ahora!

No debemos reprimir nuestros sentimientos por falsos prejuicios; manifestemos nuestro amor con palabras llenas de ternura y calor, con halagos, con acciones, con sonrisas, con apretones de mano, con abrazos, con besos. Vamos a acostumbrarnos a sentir amor hacia cuantas personas crucen por nuestro camino para expresarles mentalmente: **"Yo te Amo, Yo te bendigo"**, con emoción, con verdadero sentimiento. La bendición es una carga de energía de amor incondicional con la que deseamos toda clase de parabienes.

LEY DE DAR

Dios es dación perpetua de sí mismo, es decir, de esa energía que conocemos como amor. El **YO** es esa energía. La mente la interpreta y le da forma para que, a través del cuerpo, se manifieste en acción y se transmita al mundo exterior en forma de servicio, desprendimiento, comprensión, cooperación, ayuda, consuelo, atención y solidaridad en los aspectos económico, físico, emocional, mental, moral y espiritual.

De acuerdo con la ley de atracción, los polos opuestos se atraen y los polos iguales se repelen. Para que fluya la energía de un objeto magnético a otro, su polo positivo debe conectarse con el polo negativo del otro, como ocurre en un circuito de batrías eléctricas.

Dios es energía absoluta, su polaridad es siempre positiva. Para que esa energía sea recibida por el hombre, este debe alinearse de manera que su polo negativo, que es la mente, esté en contacto con Dios. De la misma forma, el polo positivo del hombre, que es el cuerpo, debe de estar conectado con el polo negativo (entorno), para darle fluidez a la energía.

Por estar acostumbrados a vivir añoranzas y preocupaciones por el futuro, dejamos de vivir aquí y ahora, invertimos la polaridad, las fuerzas magnéticas iguales nos rechazan automáticamente y crean una desarmonía total en nuestra vida.

PRINCIPIO DE VIDA

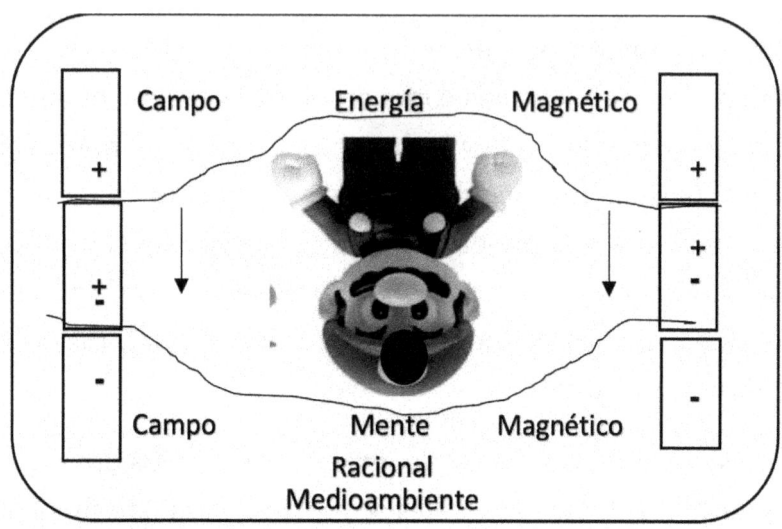

Por el contrario, si vivimos armonizados en el presente, nos olvidamos del pasado y nos despreocupamos del futuro, nos conectamos con la energía (Dios) y recibimos la abundancia en todos aspectos para expresarla con amor al medioambiente, formado por personas, animales, plantas y cosas.

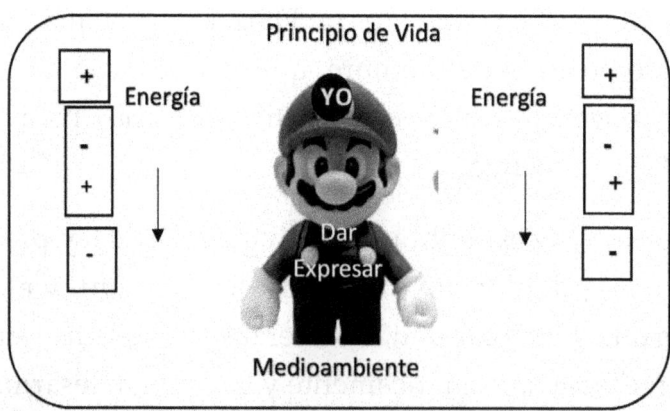

PLENITUD. LECCIÓN 10

"TODO TE PERTENECE. EL UNIVERSO ES TUYO PIDE LO QUE QUIERAS QUE TODO TE SERÁ DADO"

DECIMA REGLA DE SABIDURÍA
PON TU CONFIANZA EN LO INVISIBLE

No pongas tu confianza en las cosas exteriores y en lo material, pues estas pueden llegar a fallarte, y te faltarán toda vez que haya venido para ti el momento de reconocer lo real y distinguirlo de lo ilusorio.

Sabes que todo lo que se haya manifestado proviene de lo que no está manifestado, que es manantial Infinito e inextinguible de la naturaleza, y que puede manifestarse en tu vida según el íntimo reconocimiento de tu consciencia.

Nunca te creas solo y aislado. Contigo está siempre el Poder Infinito y no puede alejarse un solo momento, no hay circunstancia o peligro del que no pueda salvarte, con la única condición de que pongas en Él Mismo una confianza absoluta, exclusiva e ilimitada. Tu temor e incertidumbre son los únicos que pueden hacerte vulnerable.

NOTA: Estas reglas deben observarse entera y completamente, toda omisión que hagas redundará en tu daño, pero si las sigues con toda atención y fidelidad, tu vida y todos tus asuntos tomarán otro rumbo y te harás un canal cada vez más adecuado para la manifestación de las infinitas posibilidades de la mente universal. Ante ti se abre un camino de progreso ilimitado.

ESFUÉRZATE EN DAR

Esfuérzate constantemente en dar algo con juicio y discernimiento, y sea esto lo mejor que puedas dar u ofrecer; no decir que no tienes nada, siempre hay algo que puedes dar y, en ese dar, con verdadero amor, sin esperar nada como contracambio, encontrarás, tal vez, la solución más inesperada del problema que te preocupa.

La ley del dar es de importancia fundamental. En la vida práctica, quien hace los mejores negocios es quien se esfuerza constantemente en dar y sabe dar lo mejor en las mejores condiciones. Nunca puede uno ser tan pobre como para no dar algo y compartir con alguno lo que tiene. Siempre puedes dar, cuando menos, una sonrisa, un apretón de manos, una palmada en la espalda y una palabra de aliento.

Nos han hablado de un juicio final en donde Dios juzgará nuestras acciones y nos dirá: **"Tuve hambre y me diste de comer, tuve sed y me diste de beber, por lo que hiciste con tus semejantes, conmigo lo has hecho"** (Mateo 25: 35-36). Pues bien, este juicio existe, pero no al final de la vida (porque si esta es eterna, jamás tendrá final); sino que el juicio pertenece a cada una de nuestras acciones, cada vez que la finalizamos.

Un viejo cuento de un hombre ingenuo que, al final del arcoiris, encontraría una olla llena de oro. Un día de lluvia y sol, nuestro hombre fue a buscar el ansiado tesoro.

Él era precavido y llevó a su aventura una cantimplora con agua.

Después de varios kilómetros recorridos, vio a un anciano sentado bajo la sombra de un árbol. "Tengo mucha sed", le dijo el viejo. Como respuesta, nuestro héroe, sin pensar en su necesidad de agua, le dio al anciano todo el contenido de su cantimplora. Ante esto, el viejo lo invitó a la cueva que usaba de refugio; ahí le confesó que era gambusino y dueño de una mina. Llenó una olla con pepitas y se las entregó en recompensa por su buena acción.

ENERGÍA CURATIVA

Ya vimos que el amor es energía divina que está a nuestro servicio. Esa energía fluye por todo nuestro ser; está disponible para que, al usarla adecuadamente, podamos curar toda clase de enfermedades, de la misma manera que lo hacía Jesús de Nazaret. Para lograrlo, debemos aplicar la energía a cada una de las glándulas del sistema endocrino de quien queremos curar.

Podemos ayudar a curar a las demás personas si transmitimos energía directamente a cada una de las glándulas. Este proceso se inicia dando un ligero masaje de hombros se procede a abrir los canales energéticos del receptor, apuntando la yemas de nuestros dedos a los lóbulos de sus orejas, sin tocarlas.

En la misma forma, transmitimos nuestra energía a cada una de las glándulas en el orden que aparecen en la gráfica. Utilizamos las dos manos, directamente, en la glándula pineal, tiroides y suprarrenal. En las demás, solo dirigimos la energía con la mano derecha y apuntamos la izquierda hacia dentro, al centro del cerebro de nuestro receptor.

ENERGÍA PRÁNICA

Glándulas	Ubicación	Mano Derecha	Mano Izquierda
Pineal	Centro de cerebro	Cerebro	Cerebro
Pituitaria	Atrás de entrecejo	Entrecejo	Cerebro
Tiroides	Cuello (una cada lado)	Cuello	Cuello
Timo	Sobre el esternón	Pecho	Cerebro
Islote de Langerhans	Sobre el páncreas	Costado altura Codo izquierdo	Cerebro
Suprarrenal	Sobre los riñones	Espalda altura cintura	Espalda baja
Gónadas	Testículos u ovarios	Órganos sexuales	Cerebro

CAMBIO MENTAL

Ya vimos que la fe es una fuerza espiritual que nos proporciona la absoluta certidumbre de la seguridad de un hecho. Vimos también que la duda y el temor aniquilan la fe porque son energías negativas que todo lo impiden y todo lo destruyen.

Solo si nos llenamos de fe podemos iniciar el proceso de cambio en nuestras vidas; es un proceso celular que se va a efectuar reeducando nuestra mente y nuestros pensamientos. El paso gradual para un cambio mental y emocional es sembrar amor todo el día, a todas horas y en todas formas, empezando por uno mismo. El amor es fuente de sabiduría, la sabiduría produce optimismo, el optimismo nos da confianza, la confianza nos lleva a la comprensión, la comprensión nos da tranquilidad y la tranquilidad incrementa la paciencia que nos ayuda a vivir el Aquí y Ahora.

Este proceso funciona igual si lo iniciamos en sentido contrario. El vivir aquí y ahora nos hace ser pacientes, la paciencia nos da tranquilidad, la tranquilidad nos permite comprender, la comprensión produce confianza, la confianza es el principio del optimismo, el optimismo abre la mente a la sabiduría, y la sabiduría nos llena de amor.

7 PASOS A LA EXCELENCIA

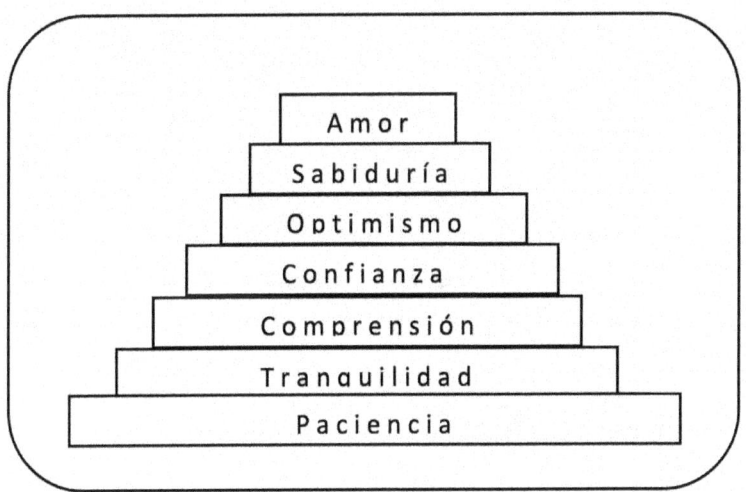

Si invertimos el proceso: el dejar de vivir aquí y ahora produce ansiedad, la ansiedad provoca agitación, la agitación impide ver la luz y nos llena de oscuridad, nos da temor, el temor es el principio del pesimismo, el pesimismo conduce a la ignorancia y la ignorancia nos hace ser egoístas. Si somos egoístas, la ignorancia, el pesimismo, el temor, la oscuridad, la agitación y la ansiedad nos llenan de carencias, nos hacen esclavos de nuestras dependencias y nos conducen a la decadencia total.

7 PASOS A LA DECADENCIA

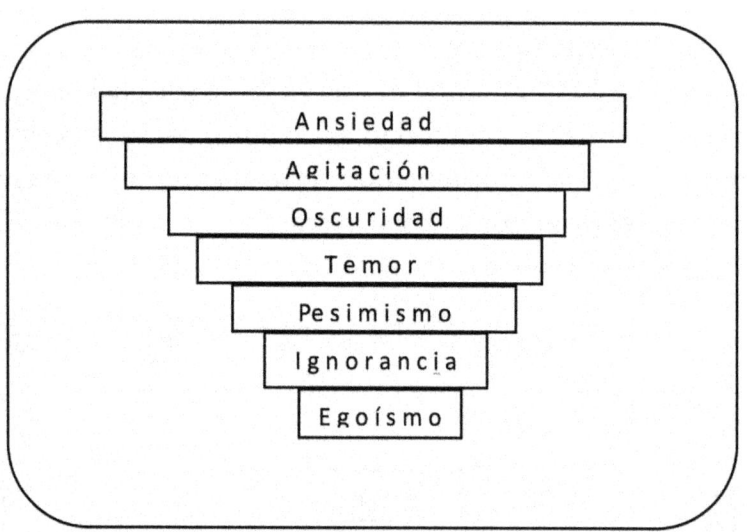

Nosotros mismos, con nuestra familia, con la sociedad que nos rodea, con la religión que practicamos, con el país en que vivimos, con el mundo que habitamos y con el universo entero. Solo quien armoniza su vida puede alcanzar la sabiduría. Y, como dice una frase atribuida a Emerson:

"Solo para los Sabios la vida es siempre feliz".

LEY DE LA ABUNDANCIA

En una de sus parábolas, dice Jesús de Nazaret: Un agricultor salió muy temprano a sembrar, el hombre aventó las semillas. Unas cayeron en el camino y se las comieron los pájaros; algunas cayeron en terreno pedregoso en donde, como había algo de tierra, geminaron y salió la planta, pero, como la tierra era escasa, el sol la secó. Otras crecieron entre matorrales, que la ahogaron sin dar fruto. Finalmente, las demás cayeron en tierra fértil, en donde crecieron y dieron fruto hasta del ciento por uno. Después de contar esto, Jesús dijo: "El que tenga oídos para oír, que oiga" (Reina-Valera, Mateo 13:3-9).

Con este libro de ensayo *Conócete a ti mismo y conocerás el universo*, has recibido las semillas de la **Excelencia;** de cada uno depende que esas semillas hayan caído den tierra fértil y que las sigan cuidando y regando, al practicar constantemente, durante toda su vida, lo aquí aprendido, para cosechar los frutos.

Si cayeron en el camino, serán devoradas por los pájaros de la mente racional. Si cayeron entre las piedras, en poco tiempo los rayos de la resistencia al cambio las secarán sin que fructifiquen. Si cayeron entre la maleza, se dejarán ahogar por el medioambiente. ¡Es tú decisión!

Hemos hablado de una tienda atendida por Dios en donde hay de todo; pues bien, ya sabemos que esa tienda existe dentro de nosotros y, en ella, se encuentran infinitamente más cosas de las que podamos imaginar, y en abundancia ilimitada, para todos los gustos y todas las necesidades. Además, todo es GRATIS, obtenerlo depende de la forma en que lo pidamos.

No obstante que todo lo tenemos en nosotros mismos, por ignorancia, preferíamos batallar y luchar para conseguir el sustento, nos conformábamos con vivir así, nada más pasándola al día, llenos de carencias.

Ahora, ya estás capacitado para usar el poder infinito de la mente, en el cual no existen límites para obtener y disfrutar todo lo que sea conveniente para nuestro crecimiento.

Dios nos ubicó en este mundo para habitarlo y vivirlo plenamente, gozando de todo lo bello, en todas sus formas y dimensiones. Esa es nuestra gran fortuna, la riqueza espiritual y mental, incomparable e insustituible, realizada y manifestada en lo material. Es nuestra porque ya sabemos que la merecemos, que somos dignos del Padre porque somos su Creación Suprema, hechos a su imagen y semejanza, con todas sus virtudes, toda su sabiduría, todos sus atributos y todo su amor.

Hemos descubierto que la felicidad y el éxito en la vida depende únicamente de nosotros mismos y no del exterior (en donde, durante tanto tiempo, afanosa, aunque inútilmente, la estuvimos buscando). Nuestras creencias estaban condicionadas hacia la riqueza, el poder de la fama para hacernos valer.

No habíamos apreciado que nuestra riqueza y poder son infinitos, tampoco que la mayor fama es la que tenemos de nosotros mismos ante nosotros mismos; nadie más puede amarnos y admirarnos tan sincera, verdadera y realmente, nosotros mismos.

Hay una inscripción en un Templo Egipcio que dice:

"Despierta y busca en tu interior tu felicidad de la misma manera que los seres mediocres buscan el poder, y recuerda que el amor es, al mismo tiempo, la semilla y la flor de tu alegría. Que tus acciones sean tales que, si te las hicieran a ti, aumentarían tu felicidad. Ama a los demás para que ellos te amen y ámate a ti mismo para que puedas amar a los demás".

Solo se llega a la plenitud de la vida a través de la armonía y del amor. Con la experiencia, descubrimos que: **"Yo soy la vida"**, **"Yo soy la Creación de mi propio universo"**, **"Yo soy en todo lo que existe y Es"**, viviendo el aquí y ahora.

APÉNDICE

Afirmación

Yo soy el Espíritu que tiene en sí mismo el poder supremo e Infinito de la voluntad que gobierna la mente y el cuerpo, ambos, mente y cuerpo, instrumentos de expresión para dar manifestación a las ideas positivas, constructivas y armoniosas sobre la tierra. Uno con el que Es, con el que Ha Sido y con el que Será la verdad y la vida en todos los seres y en todas las cosas.

Fuente de suprema inspiración en donde han abrevado las aguas de la sabiduría no aprendida, los hombres genios, guías de la humanidad, verdaderos hombres dioses, verdaderos dioses hombres, divinamente humanos, humanamente divinos, cuyas enseñanzas han trascendido el tiempo y el espacio, sin que hayan podido borrar su estela luminosa, ya que en estos tiempos y a estas alturas, infinidad de hombres marchan al ritmo de sus pensamientos.

ORACIÓN DE LOS ESENIOS

Espíritu de vida, universal o cósmico. Presente en todas partes. Verdad y vida de todo. Que tu belleza resplandezca por todo el universo. Que tu sabiduría ilumine plenamente nuestras creencias. Que tu amor nos llene y nos rodee por todas partes, para que podamos verte en todas y cada una de tus divinas e infinitas manifestaciones, pues tuya es la consciencia. Tuya es la inteligencia, tuya es la voluntad. Tuyo es el amor que existe en el universo. Pues tú eres nuestro único y verdadero ser. Todo en todo, ahora y siempre. Por toda la eternidad.

AQUÍ Y AHORA

No existe razón ni motivo alguno para no armonizar tu existencia. Las cosas que te parecen más graves, en realidad, si las analizas, no son tan malas como crees. Haz un recuento de tu vida y observa las angustias que has tenido. Tu sufrimiento, en esos casos, no ha cambiado nada, de manera que tu preocupación ha sido absurda y te ha ocasionado problemas físicos, mentales y emocionales.

Debes proponerte cambiar tu forma de vivir, aceptar con alegría todos los sucesos sin permitir que nada ni nadie rompa tu armonía.

¿Que la vida en un momento dado te parece insoportable? ¿Que las cosas no te salen como quieres? ¿Que te sientes agredido por alguien? ¿Que tu amor no es correspondido? ¿Que los negocios no resultan como tu esperabas? Bueno, ¿y qué? ¿Vas a componer las cosas sufriendo? ¡NO! Al contrario, las empeoras. Debes hacerte el propósito de disfrutar plenamente cada instante de tu existencia.

Los aconteceres son, en realidad, situaciones momentáneas que te proporciona la vida para templar tu carácter, para hacerte más fuerte, más grande, para que te superes. **Da GRACIAS al TODOPODEROSO** por permitirte los obstáculos que encuentras en tu camino. ¡Benditos sean, porque ellos te ayudan a crecer!

No vuelvas a quejarte de nada, acepta las circunstancias que te aquejan como algo irremediable, para la cual la única opción que tienes es tomarla como una experiencia que debes capitalizar para tu beneficio.

Recuerda que el pasado ya dejó de existir y tú no tienes la facultad para cambiarlo. Tampoco permitas al futuro que absorba tu tiempo presente. ¡VIVE! Pero vive plenamente el instante preciso que estás viviendo, porque ese instante **¡JAMÁS LO VOLVERÁS A TENER!**

LA VIDA ES HERMOSA

La vida es hermosa y hay que disfrutarla plenamente. Cada instante nos brinda la oportunidad de realizar algo positivo.

Desde el momento de despertar, crea en tu mente pensamientos de amor, de amistad, de compañerismo, de humanitarismo. Da gracias al creador por haberte hecho el ser más perfecto de la creación y considera a todas las demás personas como tales.

Inicia tus actividades diarias con Pensamientos Positivos, gozando cada acto que realices: el baño, el arreglo personal, el desayuno, el traslado de tu hogar al lugar de estudio o trabajo, tu labor, tu paseo, tus diversiones. Si se te presentan problemas, velos como una oportunidad de utilizar tu capacidad para resolverlos.

Si te encuentras con personas que sean contigo desatentas, déspotas, groseras, chismosas o injustas, no las juzgues ni las critiques, ni mucho menos, te sientas molesto u ofendido con sus agresiones, puesto que tú sabes lo mucho que vales y nadie puede hacerte sentir mal sin tu consentimiento. Más bien, perdona y trata de comprender su actitud negativa como un desahogo de su profunda amargura, y respóndeles con una sonrisa y una mirada llena de amor, sin importarte si reaccionan o no en forma similar, porque lo que cuenta para ti es tu propia actitud, de ella depende tu bienestar o tu malestar.

La felicidad, la dicha, la melancolía o la amargura no dependen del exterior, sino de la actitud mental que asumimos ante los hechos externos.

Destierra toda clase de Pensamientos Negativos y pesimistas, sobre todo, de las cosas que no puedes cambiar, porque si son susceptibles de cambio, lo único factible es invertir su polaridad, transformando lo negativo en positivo con mentalidad optimista.

SEGUNDO EJERCICIO PSICOLÓGICO

Al descargar por escrito la neurosis, empieza de inmediato la curación. Contesta tan extensamente como desees cada pregunta. Vamos a descorrer cortinas de tabú mental, quitar telarañas de resentimientos, lavar culpas que nos han destruido emocionalmente y dejar que la luz de la verdad penetre en nuestro corazón y en nuestra mente.

1. ¿Qué es lo que no me he podido perdonar?
2. ¿Por qué?
3. ¿A quién haces responsable por lo que no has podido ser o no has podido tener en la vida?
4. Escribe una carta a tu madre, diciéndole todo lo negativo que nunca te atreverías a decirle en persona. (Debes terminarla y firmarla).
5. Escribe una carta a tu padre, diciéndole todo lo negativo que nunca te atreverías a decirle en persona. (Debes terminarla y firmarla).
6. Escribe una carta a quien consideres tu peor enemigo, o a la persona hacia la que más resentimiento tengas, o a la persona

que más daño te causó. (Describe a detalle los hechos, las circunstancias, lugares y palabras empleadas en los hechos).

7. Haz una lista de todos tus enemigos o hacia quienes consideres tener algún resentimiento.

8. Haz una lista de todas las personas a quienes tú, de manera consciente o inconsciente, les has causado daño alguno

TEMORES Y CULPAS

Examen minucioso de temores y culpas.

A. ¿Qué es lo que más temo en la vida? _____
   _____

B. ¿Por qué? _____
   _____

C. YO pienso que las personas me rechazan por...
   _____
   _____

D. YO creo que los hombres o mujeres (según sea el caso) no se acercan a mí por... _____
   _____

E. YO pienso que no tengo amigos (as) por... _
   _____
   _____

F. YO creo que no he triunfado en la vida por...
   _____
   _____

G. De qué culpo a mi Madre: _____

   A mi Padre: _____

   A mis Hermanos: _____

   A mis Amigos: _____

   Al Mundo: _____

H. YO siento que la culpa de todo la tiene... ____
   _____

El resultado de este análisis te permitirá conocer toda la energía negativa que aún retienes. Ahora, destruye o quema estos análisis, repitiendo, con energía, sentimiento y en voz alta:

"Todo está perdonado, esto se acabó".

El perdón incondicional te liberará de toda esta carga dañina y te dejará vivir en paz.

TERCER EJERCICIO PSICOLÓGICO

Haz una lista de todo lo que aún crees que te hace falta.

1. En lo material. _____
   _____
   _____

2. En lo emocional. _____
   _____
   _____

3. En lo físico. _____
   _____

   En lo mental. _____
   _____

   En lo espiritual. _____
   _____

Contesta las siguientes preguntas:

A. ¿Qué me hace sentir más feliz? _____
_____
_____

B. ¿Qué me hace sentir más desdichado? _____
_____

De acuerdo con tus respuestas, analiza qué tanto sigues dependiendo de personas, cosas y circunstancias para ser feliz.

DESARROLLO DE LOS ASPECTOS DE MI VIDA

Tomando como referencia el cero (centro) y el 10 (Diez), cómo identificas tu escala de valores. Esfuérzate cada día hasta llegar a niveles que tu persona requiere.

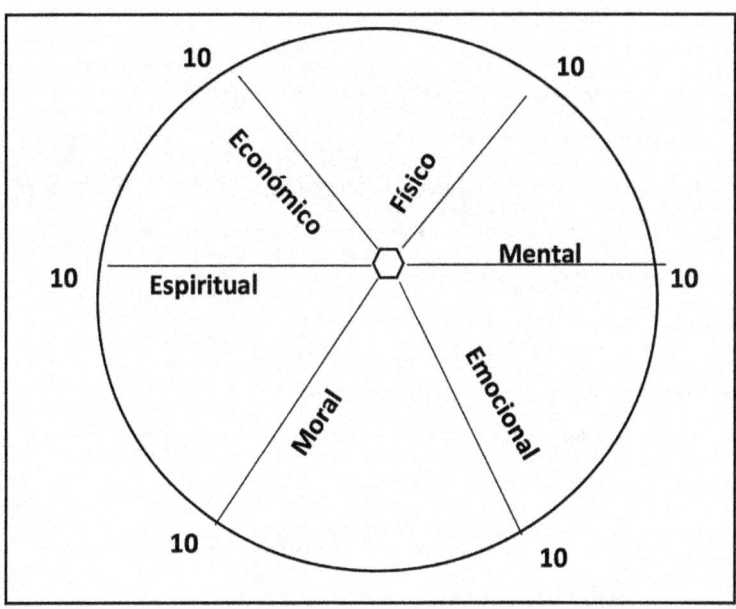

Qué necesito para sentirme plenamente realizado en los aspectos:

Económico. _____

Físico. _____

Mental. _____

Emocional. _____

Moral. _____

Espiritual. _____

SUGERENCIAS PARA AFIRMACIONES Y PROGRAMACIONES DIARIAS

Debes empezar toda programación con estas frases: "Yo merezco, Yo deseo y Yo puedo beneficiarme y mejorarme en todos los aspectos de mi vida, desde hoy y para siempre" y "Yo me amo, Yo me respeto, Yo me bendigo y Yo me perdono".

Amada Mente Suprema: YO declaro que, desde hoy y para siempre, en todos los niveles de mi mente consciente e inconsciente, a todos los niveles y en todas manifestaciones, yo soy Creación Suprema. Ahora que conozco esta verdad, yo me amo y me respeto incondicionalmente.

Ya aprendí y acepté que todos los demás son igualmente Creación Suprema y, por lo tanto, amo, respeto y bendigo a cada uno de los seres que me rodean, y todos ellos me aman, me respetan y me bendicen.

También comprendí y acepté que el amor trae consigo paz completa, felicidad, alegría, entusiasmo, prosperidad, abundancia, belleza, fortaleza indestructible, alegría, confianza, seguridad, claridad y luz en la mente y en el pensamiento, inteligencia, creatividad, decisión, productividad, salud y armonía perfecta, y todos los demás atributos y cualidades de la Gran Mente Superior cuya esencia es el amor perfecto.

Ya comprendí esto y lo acepté y, por mi propia decisión, me lleno de amor incondicional desde hoy y para siempre. Yo pongo amor en todo lo que pienso, hablo y actuó y, con eso, lleno de amor todo mi ser y automáticamente me convierto en un ser lleno de luz, de armonía y felicidad, y manifiesto a mi creador con luz, abundancia y felicidad.

Amada Mente Suprema: YO declaro, desde hoy y para siempre, que yo gozo de paz, amor y armonía perfecta y me siento y estoy plenamente feliz y satisfecho, lleno de salud y alegría y gozando de abundancia y prosperidad.

"Todo esto lo vivo y lo disfruto en la forma más perfecta, más saludable y más benéfica para mí, para todos los míos y para toda la humanidad".

"DOY GRACIAS A MI PADRE"

PARA LOGAR ARMONIZAR MI VIDA

Yo soy Creación Suprema, yo tengo derecho a amar y ser amado. Yo soy feliz, yo merezco ser feliz. Desde hoy y para siempre, yo soy un ser muy feliz y todas las personas que me ven y que me tratan, me aman y me respetan. Yo soy muy feliz, todos mis parientes, cercanos o lejanos, mi familia, mis amigos, mis compañeros y toda la gente que me rodea, me ama, me admira y me respeta.

Yo irradio armonía y felicidad y a donde quiera que voy, todas las personas desean mi amistad y se sienten felices en mi compañía. Yo soy y manifiesto amor. Esta es mi única realidad, desde hoy y para siempre, "en la forma más benéfica, más saludable y más feliz para mí".

PARA LOGRAR LA SALUD PERFECTA

Yo soy Creación Perfecta y así lo manifiesto a toda la humanidad, en todos los aspectos de mi vida. Yo ordeno a mi mente subconsciente que todo mi organismo físico funcione en óptimas condiciones, tal como fue diseñado originalmente en la Mente Suprema. Yo gozo de salud perfecta y mi cuerpo y todas las células de mi cuerpo gozan de salud y armonía total y perfecta. Mi cuerpo se conserva siempre joven y bello. Todas las funciones de mi maravilloso cuerpo son saludables y perfectas.

Cada instante que yo respiro, inhalo juventud, salud y felicidad. Cada vez que yo respiro, me siento y luzco mejor en todos los aspectos físicos, mentales y emocionales de mi existencia. Esta es mi única realidad, desde hoy y para siempre.

PARA LOGRAR PROSPERIDAD Y ABUNDANCIA

Yo soy Creación Suprema y tengo derecho a gozar, disfrutar y poseer abundancia material ilimitada. Así declaro que yo merezco y ordeno a mi mente subconsciente que desde hoy y para siempre yo atraigo hacía mí todo el dinero y todas las cosas materiales y espirituales que me proporcionan felicidad y siempre gozo de abundancia y satisfacción en mi vida y por derecho divino mi vida está plena de todas las cosas que me son necesarias y que me hacen feliz a mí y a los míos.

PARA LOGRAR TENER CONFIANZA Y SEGURIDAD

Yo, desde hoy y para siempre, declaro que soy un ser muy valioso y seguro de mí mismo, porque soy Creación

Perfecta. Mi capacidad mental y física son ilimitadas y, en mis labores de cada día, yo rindo más y mejor y, sin esfuerzo, logro todo lo que me propongo, en la forma más fácil y más feliz para mí.

Yo todo lo hago muy bien y todos admiran mi trabajo y todo me sale muy bien. A mí todo me va muy bien y todo lo que me propongo lo hago con felicidad y en la forma más benéfica, satisfactoria y feliz para mí y para los demás.

Yo tengo la confianza y seguridad completas en mí mismo, porque soy parte de la maravillosa Mente Suprema que todo lo puede. Mi memoria es magnífica; mi capacidad, ilimitada. Pienso con claridad y soy altamente creativo. Yo siempre actúo con decisión, firmeza y seguridad, y esto se manifiesta en todos los aspectos de mi vida, en la forma más benéfica, satisfactoria y feliz para mí y para los demás.

ORACIÓN DE INTEGRACIÓN

Yo soy un Ser Espiritual que tiene poder de la creación, hecho a imagen y semejanza de Dios. Yo estoy dotado de todos sus atributos y cualidades porque soy Creación Perfecta. Yo recibo toda mi fuerza, mi salud, mi sabiduría, mi seguridad, mi prosperidad, mi luz, mi alegría y mi poder a través de mi mente, que emana de Dios. Yo estoy siempre abierto al bien inesperado, ya que Dios se manifiesta satisfaciendo cada uno de mis niveles de necesidad, a tiempo y en abundancia.

Yo estoy ahora conscientemente manifestando su amor, su vida y su luz en mí y en mi universo. **Doy GRACIAS A MI PADRE.**

REPROGRAMACIÓN MENTAL

Es importante que leas, comprendas y sientas cada una de las reprogramaciones o activadores mentales; que las memorices, y utilices, de acuerdo con las circunstancias, cada vez que te invada alguna emoción negativa o te sientas atrapado en los niveles inferiores de consciencia.

1. Estoy descubriendo las programaciones erróneas que me crean una versión ilusoria de mí mismo, de la gente y de las situaciones del mundo que me rodea.

2. Estoy liberándome de mis dependencias y programaciones de seguridad, sensación y poder, que me obligan a tratar de controlar el mundo externo, destruyendo, así, mi serenidad, y apartándome del amor a mí mismo y a los demás.

3. Le doy la bienvenida a todas las circunstancias que, minuto a minuto, me brinda la vida, para hacerme consciente de las dependencias que debo eliminar y, así, liberarme de las grabaciones que me hacen actuar como autómata.

4. Yo tengo, aquí y ahora, todo lo que necesito para ser feliz y no permito que mi consciencia sea dominada por Pensamientos Negativos, basados en un pasado muerto o en un futuro incierto.

5. Yo tomo la completa responsabilidad, aquí y ahora, por todo lo que experimento,

porque es mi propia programación la que crea mis acciones e influye en las reacciones de quienes me rodean.

6. Yo me acepto a mí mismo, aquí y ahora y, conscientemente, experimento todo lo que siento, pienso y hago, como una parte necesaria de mi crecimiento hacia la excelencia.

7. Yo me abro, genuinamente, a toda la gente, para comunicar mis más profundos sentimientos, puesto que, ocultándolos en cualquier grado, estaría operando con consciencia de separación.

8. Yo percibo, con amoroso interés, los problemas de los demás, sin involucrarme emocionalmente en ellos. Comprendo que sus conflictos están ofreciéndoles los mensajes que ellos necesitan para su crecimiento.

9. Yo actúo libremente cuando estoy armonizado, equilibrado y lleno de amor, y evito actuar cuando estoy emocionalmente alterado, pues, en este caso, estaría privándome de la sabiduría que fluye del amor y de la expansión de la consciencia.

10. Estoy continuamente aquietando las agitaciones de mi mente racional para poder percibir la voz interior que me orienta e impulsa para experimentar mis infinitas posibilidades de ser.

11. Yo estoy permanentemente consciente de cuál de los siete niveles de consciencia estoy con cada pensamiento y acción de mi vida; y siento cómo se incrementa la energía, la comprensión, el amor y la paz interior dentro de mí, a medida que funciono, con más frecuencia, en los niveles superiores.

12. Yo estoy percibiendo en mí, y en todos los seres que me rodean, un despertar de consciencia que nos eleva hacia los niveles superiores de unidad y amor incondicional.

REGLAS DE ARMONÍA

1. Estructura armoniosamente tus pensamientos.
2. Aprende a concentrarte y evita divagar.
3. Haz una disciplina mental en tu vida.
4. Reflexiona primero lo que vas a hacer.
5. Presenta una armoniosa expresión en tus actos.
6. NO hagas lo que no quieres hacer.
7. NO hables lo que no quieres hablar.
8. NO huyas de tus propios errores.
9. NO hagas ningún mal a nadie, ni a ti mismo.
10. NO rompas con tu armonía mental a ningún precio.

ESTABLECIENDO METAS

Fecha. _____

Yo _____

Voy a conseguir mi siguiente meta en…

Economía. _____

Físico. _____

Mental. _____

Emocional. _____

Moral. _____

Espiritual. _____

Porque: _____

Para que: _____

PROPÓSITO

PARA INICIAR LA RENOVACIÓN DE MI VIDA

Fecha: _____

Yo _____ me comprometo

Ante mi mismo a:

_____
_____
_____
_____
_____
_____

_____
Firma

_____   _____
1er. Testigo (espos@)   2do. Testigo (Hijos)

REGLAS PARA ALCANZAR LA EXCELENCIA

1. Conócete a ti mismo.
2. Reconoce y utiliza tu infinito potencial interno.
3. Considérate Digno, Valioso y Merecedor de todo lo positivo.
4. Ámate a ti mismo, física, mental, emocional y espiritualmente.
5. Prodiga Amor incondicional a todos los seres, todas las Personas y Todas las cosas.
6. Date a ti mismo y da a los demás lo mejor que puedas en las mejores Condiciones.
7. Respétate a ti mismo, sé libre y auténtico.
8. NO juzgues. Respeta la libertad, ideas y creencias, pensamientos y actitudes de los demás.
9. Suprime los complejos de culpa y remordimientos, reconoce y perdona tus errores, corrígelos y olvídate de ellos.
10. Elimina los odios, rencores y remordimientos, perdona y olvida.
11. Vive únicamente el presente. El pasado y el futuro son inexistentes y por tanto debes descartar las angustias, los temores y las preocupaciones.

12. NO dependas de nada ni nadie para ser feliz.

13. Fíjate una meta constante de servicio en la vida que incluya el beneficio de la familia, de la humanidad y de la posteridad.

14. Estudia, capacítate y da siempre lo mejor de ti mismo.

15. Ten absoluta fe, confianza y seguridad en ti mismo y en los demás.

REGLAS PARA CAMBIAR ANTIGUOS PATRONES DE CONDUCTA

1. Toma consciencia de tu poder mental ilimitado.
2. Hazte Responsable de tus actos.
3. Establece como único objetivo de vida, vivir cada instante a plenitud; como única meta, hacer siempre el bien.
4. Disciplina tu mente.
5. Sepas que todo lo mereces y que todo lo puedes obtener si te programas para ello.
6. Reconócete; valora y ama a tu propio ser.
7. Desarrolla tus facultades físicas y mentales.
8. Conserva tu paz interior.
9. Ten plena confianza y seguridad en ti mismo.
10. Controla tu carácter y tus emociones.

REGLAS PARA APRENDER A VALORARTE

1. Haz un análisis de tu escala de valores.
2. Respétate y se auténtico. Tu opinión sobre tu persona, tus actitudes y tu criterio son más importantes que los ajenos.
3. Perdónate sinceramente y olvida todos tus errores pasados y presentes.
4. Cuida tú físico y tu arreglo personal.
5. Acepta todos los cumplidos y felicitaciones que recibas, consciente de que eres merecedor de ellos.
6. Camina con la cabeza y los hombros erguidos y con la espalda recta.
7. Llénate constantemente de buenos pensamientos, buenos sentimientos y buenas obras.
8. Proporciónate tiempo para descansar.
9. NO exijas perfección en nada ni en nadie.
10. Sé positivo, seguro y firme en tus convicciones. Sé coherente. Sé constante.

LEYES QUE RIGEN EL PODER MENTAL

Ley de la Creación Toda idea sembrada en la consciencia, germina y crece en deseo.

Ley de Desarrollo Toda idea germinada en la mente, se desarrolla a través de una imagen Mental.

Ley de la Atracción Toda idea desarrollada en la misma mente, atrae todo lo necesario para su realización.

Ley de la Manifestación Toda idea que atrae todo lo necesario para su realización Física, se va a manifestar, tarde o temprano, se quiera o no se quiera, indefectiblemente.

Ley de Causa y Efecto La causa de todo es el pensamiento, su efecto es la acción.

Ley de Acción y Reacción A toda acción corresponde una reacción. Los seres, las personas y las cosas reaccionarán sobre ti en la misma forma de tu acción: si les amas, te amarán; si les odias, te odiarán; si les sirves, te servirán; y si das, recibirás.

Ley de Siembra y Cosecha Así como en el mundo físico existen cuatro elementos básicos de vida: Tierra, Agua, Aire y Sol, de los cuales una de sus finalidades es hacer que toda semilla sembrada en la tierra germine, se desarrolle, florezca y fructifique; así, en el mundo mental, existen cuatro principios o elementos básicos de vida: Consciencia o Tierra, Inteligencia o Agua, Voluntad o Aire y Amor o Sol, una de cuyas finalidades es hacer que toda idea o semilla sembrada en la mente germine y crezca en deseo, se desarrolle en pensamiento, florezca en acción y fructifique en resultados.

Ley del Pensar Es crear. Un pensador es un creador que vive en un mundo de su propia creación consciente. Lo que piensas en tu corazón, es lo que se realiza.

Ley del Ser Es expresar aquello que es, y el YO está constantemente expresando sus infinitas posibilidades de Ser y de Existir.

Ley de Abundancia Todo te pertenece. ¡Pide lo que quieres, que todo te será concedido!

REGLAS PARA ALCANZAR LA PLENITUD DE LA VIDA

1. Busca a tus padres y bríndales tu amor incondicional.
2. Busca a tu hermano y dale tu bendición.
3. Busca a tu amigo y dale tu corazón.
4. Busca a tu enemigo y dale tu perdón.
5. Busca al ignorante y ayúdale a conocerse.
6. Busca al desvalido y ayúdale a superarse.
7. Busca al que yerra y dale tu comprensión.
8. Busca al que sufre y ofrecele tu consuelo.
9. Búscate a ti mismo, borra tu pasado, perdona tus errores y comienza una nueva vida.
10. Busca al creador, intégrate a él, vive a plenitud y alcanza la autorealización. ¡Implanta en tu vida la *excelencia total!*

Mi muy amado (a)

Te felicito por haber llegado al final de este proyecto de vida "Conócete a ti mismo y conocerás el universo", te hago la más cordial invitación para que hagas uso de estas facultades de una forma positiva, constructiva y armoniosa.

Así mismo, te invito a que compartas con tus semejantes este conocimiento. Ayúdales para que caminen siempre por el camino del éxito y la excelencia; llévales a la comprensión, a la cooperación, al amor, al servicio, hazles ver lo importante que son como seres humanos.

Haz de tú vida un ejemplo, practica diariamente, vive y manifiesta lo que aprendiste, para que cada día sea más perfecto el canal por donde se expresen en tu existencia las infinitas potencialidades.

Te invito para que, con tus meditaciones, envíes mensajes de amor, armonía, salud, prosperidad y unidad a todos tus hermanos, con los cuales constituyes la humanidad, así como todos los seres y cosas que habitan nuestro planeta tierra, que tan urgido está de tomar consciencia de unidad con el creador.

Haz lo mejor que puedas y que la paz de Dios te cubra y te invada por todas partes junto con todos tus seres queridos.

Yo Te Amo, Yo te Bendigo.

Justin M. Dreams.

¡¡¡SABÍAS QUÉ!!!

El corazón bombea más de 10 mil litros de sangre en un día.

Que tu cuerpo contiene 96 mil kilómetros de venas.

Tu cerebro contiene más de 30 mil millones de neuronas y qe cada neurona tiene más conexiones que estrellas en la galaxia del universo, que resulta casi imposible poder comprender el número de conexiones neuronales.

Que el ojo humano está formado por 2 mil millones de piezas y que produce 1 000 000 de fotografías al día.

En resumen, existen más maravillas en ti mismo que en todo el universo

Y lo más maravilloso, es que no hay ni habrá alguien como tú en el mundo.

¡Eres Único!

AGRADECIMIENTOS

Por los maravillosos dones de la vida y del amor, dedico este programa integral en desarrollo personal, a mis hijos Francisco Ricardo y Emmanuel, a la memoria de Dolores M. J. (Esposa, QPD), a mi Sra. Madre Ma. Cristina M. (QPD), a mi Maestro Mauricio Familiar y Haro (QPD), a mi mentor Alejandro Pineda V, a Lucy Patiño, Patricia Báez y a Adán Sánchez, por su incondicional consejería de amistad. En especial, a todas las personas que de alguna u otra forma han sido personas clave para llevar a cabo este práctico programa.

A todas las personas que, por su confianza, han compartido su historia de vida en los diferentes talleres y seminarios.

A todos, gracias.

BIBLIOGRAFÍA

Austen, J., & Assaf, A. K. (2023). *Jane Austen's Little Book of Wisdom: Words on Love, Life, Society, and Literature*. Hampton Roads Publishing Company.

Carr, W. B. C. (2022). *Juvenal: Satires, III, X, XIII, and XIV*. Legare Street Press.

De Dios Legorreta, J. (1985). *Fundamentos del éxito en la vida*.

De Mello, A. (2002). *Escritos esenciales*. Editorial SAL TERRAE.

Freud, S. (1989). *An Outline of Psycho-analysis*. W. W. Norton & Company.

---. (1996). *Esquema del psicoanálisis*. Paidos Mexicana Editorial.

Galeana, P. (2022). *Benito Juárez*. Paidós.

Kant, I. (2023). *Hacia la paz perpetua. Un proyecto filosófico: Una nueva traducción (Spanish Edition)*. Independently published.

Kopp, Z. W. (2018). *Lao-tse Tao Te King: El libro del Tao y su Virtud*. Books on Demand.

Maslow, A. H. (2013). *A Theory of Human Motivation*. Simon and Schuster.

Nervo, A. (2021). *Elevación: (Nuevos poemas) (Spanish Edition)*. Independently published.

Nouwen, H. J. M. (2002). *Escritos esenciales*. Editorial SAL TERRAE.

Pichère, P. (2023). *A Hierarquia das Necessidades de Maslow: Obtenção de informação vital sobre como motivar as pessoas*. 50Minutos.es.

Platon (2020). *Diálogos de Platón, El primer Alcibíades, o de la Naturaleza Humana: Diálogos de Platón* (P. De Azcárate, Trans.). Independently published.

Soto, M. F. (2020). *Y EL HOMBRE CREÓ al dios, A SU IMAGEN Y SEMEJANZA: Un primer paso hacia el estudio de la Sapiens-Teología*.

www.ingramcontent.com/pod-product-compliance
Lightning Source LLC
Chambersburg PA
CBHW071718090426
42738CB00009B/1809